実践 ポストコロナを生き抜く術！

強い会社の
人を大切にする経営

坂本光司
＋
人を大切にする経営研究所
〈坂本洋介・水沼啓幸〉

PHP

はじめに――ポストコロナは人を大切にする経営の時代に

新型コロナウイルスの発生から数カ月、我々を取り巻く環境は激変しました。まるで映画で見るような世界を目の当たりにすることとなり、学校は閉鎖、移動は大きく制限され、企業は経済活動がままならない状況に置かれました。メディアや経済学者は、「ポストコロナにおいて訪れるであろう不況は、一九二九年の世界恐慌以来の未曽有の規模となる」とまで述べています。

近年、企業経営のあり方は、効果効率を追求し、業績を高め、利益を最大化することだと言われてきました。そのお題目のもと、黒字でありながら早期退職を促すなどの「黒字リストラ」や、立場の弱い派遣社員に対しての派遣止めなどが、誰もが知るような有名な企業で行われました。

雇用の流動化や能力・成果主義と言った、企業にとって耳触りの良い言葉に置き換えられ、あたかもそれが時代の潮流であるかのようにとらえられてきたのです。

しかし、ポストコロナにおいては、そのような企業は社会からの信頼を失うとともに、働く社員から協力を得られなくなるでしょう。

今後、企業の目的として社員の命と生活を守っていくことが最も重要になってきます。さらに言うなれば、その対象は社員だけでなく「人を大切にする経営」が提唱する五人です。その五人とは社員とその家族、社外社員とその家族、現在顧客と未来顧客、地域社会とりわけ地域の弱者、そして株主です。

この時代変化に追随するように、上場企業を代表する社長や著名なコンサルタントが「社員を大切にする」「業績よりも社員の健康と安全」と言い出しました。これまで散々業績重視、効果効率の経営を行ってきた方々が、自戒の念も込めてポストコロナの経営のあり方について述べています。

かつて、日本の経営は世界から称賛されていた時代がありました。しかし、バブル崩壊を起点として、それまでの日本的経営は時代遅れだと否定され、どんどん切り捨てられ、欧米型の資本の論理による経営が称賛されてきたのがこの三〇年でした。

しかし、その結果として、日本の企業の生産性は上がるどころか世界の中では相対的に下がってしまっています。一人当たりの生産性指数はOECD先進七か国の中でも最下位になり、さらに働く人のモチベーションや会社に対する信頼度も低く、社員が持てる能力を発揮しきれていないのが現実です。

本来、企業経営において業績を高めたければ、社員のモチベーションを高め、会社に新たな価値をもたらす新製品開発や新規事業開発の創造的業務に取り組むことが必要です。その結果、消費者から喉から手が出るほど欲しいと言われるような、画期的な新商品やサービスを世に送り出すことにつながり、業績も高まるのです。

生産性、そして働く人のモチベーションも低いというこの状態では、経営戦略がすばらしく、多額の設備投資をしたとしても、業績を安定して向上させることは難しいでしょう。ましてや今回の一〇〇年に一度の危機を切り抜けることは到底不可能でしょう。

「弊社への新規受注が殺到していますが、対応しきれないので、すべて断っています」「大手さんより安心、安全で信頼できるからとおっしゃっていただき、お客様からのご依頼が以前より増えました」「計画では対前期一三〇％UPを見込んでいましたが、この影響で対前期一一〇％UPでした」。これらは、すべて新型コロナの影響下における「人を大切にする経営」を実践する会社の生の声です。

新型コロナ禍の中でもしっかりと大切な取り組みを続ける企業は、外部環境はどこ吹く風と、事業を見つめなおす機会と捉え、来るべき新しい時代に備え、社員の教育を強化し、ビジネスモデル転換を図っています。

東京都新宿区にレーザー専門の輸入商社、日本レーザーがあります。最先端の研究用レーザーや計測器などを輸入し、研究機関や大学などに販売を行っています。ニッチな市場ですが、競合が多く競争が激しい業界です。さらに、為替の変動を受けやすく、たった一円円安になっただけで、二〇〇〇万円の利益が減少するという、平時においても変化の激しい環境です。

一〇年生き残ることが難しいと言われる厳しい業界で、同社は一九九二年に一〇億円だった売上を四〇億円を突破するところまで引き上げ、二六年間連続黒字を達成しているのです。

今回の危機に際し、近藤宣之会長は「社員の命と健康を守ることが第一、経営の使命はいかなる状況になっても社員の雇用を守ることである」と言っています。

日本レーザーでは社員の幸せを第一にする判断軸から、この危機を機に働き方を見直すチャンスと捉え、直ちに在宅勤務の環境整備を行いました。

営業社員には直行直帰の対応をこれまで行ってきましたが、全部署の内勤者全員に在宅勤務が可能となるように、ノートPCを支給するほか、Wi-Fi環境がない社員には必要に応じてモバイルWi-Fiの支給を行いました。

その結果、生産性は下がるどころかむしろ向上し、働き方について数多くの気付きが得られました。ビデオ会議のツールを導入し、社員全員がオンラインで会議に参加できるようになったため、本社―支店間、プロジェクト、グループ内、出張者なども、効率よく会議ができるようになったのです。

「この時期に、ラッシュの電車に乗らずに自宅で業務ができることは本当にありがたい」と危機に対応する社員のモチベーションも向上しています。

近藤会長は「社員が日ごろから当事者意識、危機意識、仲間意識を持ち、常に会社に大切にされている実感がなければ、このような危機の時に組織としての力が出てこない」と言います。

「会社が大変だからこの危機を一緒に乗り切ろう」と言っても、心が離れてしまった社員が会社の存亡の危機に力を発揮することはないでしょう。日ごろから「人を大切にする経営」を実践していることが、危機対応の際の力になるのです。

多くの経営者に「あなたは社員を大切にしていますか」と聞けば、大多数がしていると答えると思います。しかし、人を大切にするというのは、自分がしている・やっているという自己評価ではなく、社員が自分たちは経営者・会社から大切にされている・愛されていると感じているかどうかが重要なのです。

今回のコロナウイルス感染拡大中、営業自粛要請が出たこともあり、多くの店舗が休業を余儀なくされました。しかし、その一方で「社員の生活のことを考えると営業し続けなければ……」と言っている経営者がいましたが、本当に心からそう思っていたでしょうか。

本当に、社員の命と生活を守るというのであれば、この不安の大きい中で特別な対策も設けずに働かせることなどしないでしょう。そもそも、売り上げが大幅に減少したとしても、こんな時にまで働かなくていいように、社員の命と生活を守れるような体力・財力を蓄えておくのが経営者の役割の一つのはずです。

ここ数年、後継経営者や若い経営者、経営幹部候補の方から「父から事業を引き継ぐ予定ですが、自分の代では人を大切にする経営を実践したい」「事例企業のようないい会社にするにはどうすればよいでしょうか」というお話を伺うケースが増えてきました。

また、「どこでそのような学びを得られることができるでしょうか」との問いも増えています。よくよく伺うと、MBAや中小企業診断士の資格を取得し、すでに一定の学びを終えているはずの方も多くいらっしゃいます。

しかし、皆さん口をそろえて「欧米型の経営理論には違和感があり、実際の中小企業経営や経営支援の現場では使えない」とおっしゃいます。それもそのはず、これまで日本の企業が大切にしてきたのは、欧米型の「やり方論」ではなく、日本的経営をはじめとした

「あり方論」。「こうやりたい」ではなく「こうありたい」を実現させるための経営だったからです。

さらに日本では中小企業の割合が九九・七％であるにも関わらず、中小企業経営を専門に教育する大学はほとんどありません。民間のコンサルティング会社においても、効果効率の経営手法がほとんどであり、こと人を大切にする経営を教育できる大学や会社は、まったくないと言ってもいいでしょう。

大企業と中小企業では生きる世界がまったく違っています。そのため、経営の仕方が違って当然なのです。しかし、多くの中小企業経営者は、違和感を抱えながらも大企業で行われている効果効率重視の経営を学び実践しようと考えます。しかし、効果効率の経営を短期的視点から実践することで現場の社員を不幸にしてしまうことが多々あるのです。

これまで「人を大切にする経営学会」主催で「人を大切にする経営人財塾（ＥＭＢＡプログラム）」を一期、二期と開催して参りました。

人を大切にする経営を実践する経営者を迎えてのリレー講義と、学会の坂本光司会長によるゼミ形式での中小企業事例研究で構成されています。受講生は「今までの経営が間違っていた。これからは社員と一緒になって良い会社をつくっていく」と口をそろえておっしゃいます。

全国から現役の経営者、後継経営者、次世代経営幹部、士業などの専門家がこれまで六二人受講し、「人を大切にする経営」をそれぞれの業種や分野で活かし活躍されています。

本年からは、千葉商科大学大学院商学研究科において、中小企業人本経営（ＥＭＢＡ）プログラムコースとして開催されることになり、全国各地から三六人の社会人学生が一年間の学びを共にします。

明らかに時代は変わってきているのです。「人を大切にする経営」はポストコロナにさらに輝きを増していくでしょう。

本書は、「人を大切にする経営」についての実践を三つの角度から論じています。一つ目は、ベースとなる「人」を中心とした中小企業経営のあり方について、業種業態を問わない不変の法則として論じています。

二つ目はそれぞれの章で経営に関する今日的なテーマを設定し、それぞれの視点から対応方法や取り組み方を論じます。

そして三つ目として、人を大切にする経営を実践するモデルとなる会社の事例やエピソードを添えて述べています。掲載する三六社の中小企業は、地域を代表する「人を大切にする経営」を実践する企業ばかりです。

1章ではポストコロナにおける経営のあり方について述べ、その後の各章で人材教育、DX（デジタルトランスフォーメーション）への対応とマーケティング、商品・サービス創りとビジネスモデル、M&Aや金融、資本政策、そして最後に社会資本としての中小企業について述べていきます。

後継経営者、若手経営者、経営幹部、幹部候補といった次世代リーダーなど、これから長きにわたり経営の舵取りを担う経営人財が、経営のあり方を知り、何に取り組めばよいかについて、事例を交えて解説していきます。

ポストコロナにおいては、人を経営の中心に据える本物の経営、人を大切にする経営を実践する会社しか社会からは必要とされないでしょう。本書で取り上げられるような取り組みを行う会社が増えれば、地域が抱える様々な課題は解消されていきます。

この本を手に取っていただいた皆様方の会社が「人を大切にする経営」を実践していただく際の一助となれば幸いです。

最後に、「人を大切にする経営学会」運営に携わっていただいている皆様、事例として掲載させていただいた地域の宝のような会社の皆様，本当にありがとうございます。

そして、今回出版の機会を賜ったPHP研究所の中澤直樹部長様、そして活動を支えてくれているそれぞれが所属する会社の社員の皆様、常に惜しみない支援をいただいている家族に心から感謝を申し上げます。

二〇二〇年六月

人を大切にする経営研究所　千葉商科大学大学院客員准教授
アタックス・コンサルタント　坂本洋介
人を大切にする経営研究所　千葉商科大学大学院客員准教授
サクシード・代表取締役　水沼啓幸

#［実践］強い会社の「人を大切にする経営」　目次

2章 いかに優秀な人材を採用し、大切に伸ばすか

3章 ポストコロナ時代を味方にするDXとマーケティング

5章 地域資源を承継するM&Aと信頼による金融機能創造

装丁：印牧真和

1章

ポストコロナで中小企業の価値が高まる

～人を大切にする会社のチャンスが拡大～

坂本光司

❖社会のあらゆる場所に潜む見えない「敵」

このおよそ五〇年間、日本経済は幾度となく、未曽有の危機に直面してきました。例えば一九七一年のニクソンショック、一九七三年のオイルショック、一九九一年のバブル崩壊、二〇〇八年のリーマンショック、そして、二〇一一年の東日本大震災等です。

これらショックや衝撃の発生は、いずれも日本経済の根幹を揺るがす歴史的衝撃でしたが、偉大な先人たちは、英知と努力を結集し、いずれの危機も何とか乗り越えてきました。

しかしながら、二〇二〇年に入り顕在化し、今や世界的に感染が拡大している「新型コロナウイルス」の猛威ほどの大きな衝撃と不安は、私たちがこれまで全く経験のしたことのない、また、予想だにしなかった出来事です。

それは、今もって国内はもとより世界中で猛威を振るっている「新型コロナウイルス」の感染拡大は、単に経済活動や社会活動を機能不全に陥らせているだけではなく、何よりも大切である、私たちの命と生活をも奪う可能性のある問題だからです。

しかも、これまで経験した危機の大半は、問題の所在が明確だったこともあり、政府や産業界の英知と努力で、長短はあったとはいえ、何とか乗り切ってきましたが、今回の「新型コロナウイルス」の感染拡大による社会経済的問題は、これまでの経験値や社会経済対策がまったくといっていいほど通用しないのです。

つまり、経済や社会の活性化が、「新型コロナウイルス感染拡大問題」の解決にならないばかりか、むしろ、そのこと自体が、問題を一段と深刻化させてしまうという厄介な問題なのです。

しかも、これまでは、どんな深刻な事態においても、「敵」つまり、問題の所在は、ある程度、私たちに見えていましたが、今回の「敵」、問題は、私たちの眼には、まったくと言っていいほど見えないばかりか、「敵」は社会のあらゆる場所に潜んでいて、いつ私たちを襲ってくるかわからない問題です。

こうした状況下にあって、今、日本の経済社会は、企業の生産活動はもとより、私たちの命を守る医療業界や福祉業界、さらには、保育園から大学までの教育界をはじめ、あらゆる現場で、未曽有の危機に直面しています。

本書の主題である企業経営面で言えば、大企業・中小企業を問わず、また業種・業態を問わず、多くの企業が、企業活動の大幅な縮小を余儀なくされています。

しかもその原因は、経済的なものではなく、ウイルスの感染拡大によってなのです。戦後私たちは数多くの困難を経験してきましたが、その困難がウイルスによってもたらされているというのは初めてのことです。

❖人や家族の命や幸せを、ことさら重視する経営へ

一日も早い終息を願うばかりでありますが、もしも、事態が好転せず、現状のような状況で推移すると、近い将来、大企業・中小企業を問わず、体力に限界のある企業の事業の統廃合はもとより、より深刻な倒産や廃業の続出も懸念されます。

そうした経営は、当然ながら、リストラの加速・拡大による雇用問題や、地域経済の空洞化問題も発生させていきます。

そうした問題を最小限に食い止める最善の方法は、この方面の専門家が言うように、二つしかないと思います。

一つは、私たち一人ひとりが、また企業一社一社が感染拡大の影響が終息するまでの間、その原因をつくるような、三つの密、つまり「密閉」「密接」「密集」を慎むことです。

そしてもう一つは、慌てふためくことが最も危険であり、今、私たちや企業に与えられ

た環境・条件を前提に、企業経営で最も大切なことをやり続けることと思います。

企業経営で最も大切かつ重要なこととは、社員とその家族をはじめとする五人の命と生活を守ることであるし、彼ら彼女らが、所属する喜びを実感する経営をすることです。

だからこそ、ポストコロナ時代を想定した、今を生き抜く術を、全社員が英知を結集し考え行動をすべきと思います。

今日の危機をどう乗り切るかを検討することも重要なことですが、より重要なことは、ポストコロナの時代です。

というのは、その企業経営のあり方・経営の仕方や、私たち自身のあり方・生き方は、企業や私たちが好むと好まざるとに関わらず、大幅に変えざるを得ないと思われるからです。

今回のようなウイルスの感染拡大といった問題、あるいは、大規模な地震や津波の発生といった問題は、日本や日本人だけが、いくら警戒していたとしても、これからも発生することがありえるからです。

こうした状況下であっても、企業は五人の命と生活を守らなければならないし、私たちも社会や企業にとって必要な人財でなければならないのです。

二度とあっては困りますが、こうしたことが、再び起こりうるのです。ですから、起きることを前提にした、また起きても耐えられる企業経営へのシフトが必要となっているのです。

その方向・方策は、これまで、わが国経済を牽引してきた著名な大企業をはじめ多くの企業が実施してきた伝統的な経営の考え方・進め方ではないと思います。

つまり、「経済重視」「企業重視」「成長重視」「業績重視」「損得重視」「勝ち負け重視」「ランキング重視」「シェア重視」さらには「効果・効率重視」等といった、経済や企業の側面・価値を、ことさら重視したような経営ではないと思います。

これからの時代、そんなことよりはるかに重視・大切にすべきことは、「命重視」「家庭・家族重視」「人重視」「生活重視」「善悪重視」「バランス重視」「社会重視」さらには「幸せ重視」等といった、人や家族の命や幸せという側面・価値を、ことさら重視する経営です。

すべての企業とは言いませんが、大企業・中小企業を問わず、多くの企業には、これまで少なからず企業経営に関し、おごり高ぶりがあったかもしれません。

つまり、まるで「企業があって社会がある」とか「企業があって社員がいる」とか「企業があって顧客がある」とか「経済があって人の命や生活がある」といった言動での経営です。

どう考えてもそうした見方・考え方は、間違っているのです。筆者はよく「異常が長く続くと異常があたかも正常に見える」とか「異常と比較すると正常があたかも異常に見える」という話をしますが、まさに企業経営でも同じようなことが言えるのです。

つまり、どう考えても、原理原則は「社会があって企業がある」「社員があって企業がある」「顧客があって企業がある」そして「人の命や生活があって経済がある」のです。

事実、昔も今もそうですが、これまで幾多の危機の中にあって、慌てふためくことなく、時代を生き抜いてきた企業は、決して目立ちませんが、常に自らを律し、そうした経営を愚直一途に実施してきたのです。だからこそ今日があるのです。あえて言えば、それはまるでお天道様が見ている様な結果です。

❖顧客や取り引き先を利用するような経営は許されない

企業は社会的公器であり、また私財ではなく社会財と考えるべきです。それは、企業は民間財あるいは公共財を含め、様々な社会財を利活用しながら事業活動をしているからです。もっとはっきり言えば、企業一社では何もできないからです。

加えて言えば、企業は株主のものでも経営者のものでも、はたまた顧客のものでも社員のものでもなく、企業に関係するすべての人々のもの、つまり、社会皆のものと考えるべきです。

こうした企業とは何か、企業は誰のものか、といった、そもそも論に立脚し、経営を考えれば、企業が社会に役立つ経営を行うことは、いわば当然のことなのです。

逆に、社会や社員、さらには顧客や取引先を利用するような経営は許されないことです。乱暴に言えば、そんな企業は社会の寄生虫だと思います。

多くの企業が「新型コロナウイルス」感染拡大の影響を受け、深刻な状況に陥っていますが、これら業界・企業の中で「ほら見たことか……」といった企業も大企業・中小企業を問わず少なからずあります。

今回の「新型コロナウイルス感染拡大」の影響を最も深刻に受けているホテル業界もその一つです。筆者は仕事柄、全国各地の講演や企業調査等に行く機会がありますが、宿泊の必要性がある場合は、たいてい駅近くのビジネスホテルに宿泊します。

今回の新型コロナウイルス感染拡大の前までは、東京オリンピック需要やインバウンド客の増加もあり、とりわけ東京都内のビジネスホテルの宿泊料は正直、異常でした。

都内のビジネスホテルの大半は、一～二年前までなら八〇〇〇円から一二〇〇〇円以内でたいてい宿泊できましたが、新型コロナウイルス感染拡大の前には、一六〇〇〇円前後、日によっては二〇〇〇〇円を超えるような日もありました。

しかも、全国どこにでもあるビジネスホテルのシングルルームで、かつ朝食も夕食もない素泊まり料金なのです。

余談ですが、筆者の親しい友人からの情報ですと、やはり全国チェーンの別のホテルですが、突然、宿泊せざるを得ないことになり、困り果ててフロントに行くとシングルルームで三〇〇〇〇円と言われたと言っていました。

こんな不誠実な、まるで顧客の弱みに付け込んだような商売のやり方・価格の決め方が、まかり通るはずがありません。

ですから筆者も、あまりに理不尽と思った時だけですが、罪のない第一線の担当者に申し訳ないと思いながら、フロントの担当者に話すことがあります。

「先週も同じ曜日に宿泊しましたが、その時は一〇〇〇〇円でした。今回は二〇〇〇〇円と聞いていますが、デラックスのツインルーム等高級タイプの部屋に間違って予約してしまったのか、あるいは、間違って夕食と朝食付のプランで予約してしまったのですか……。確かめてください」

ある担当者は気まずい顔をしながら、別の担当者は、いやなら泊まらなければいいだろ……、といった顔つきで、「部屋のタイプは前回と同じです……」と答えます。

こんな商売の考え方・やり方は、誰が考えても正しくはありません。株価や為替レート、さらには野菜類ならばともかくですが、むしろ稼働率が高まれば単位原価が下がるのが当然の業界のはずです。

こんなことをフロントの若いスタッフにさせていたら、彼ら彼女らを次第に心身ともに蝕んでいくと思います。今回の「新型コロナウイルスの感染拡大」で深刻な影響を受け、すでに倒産も多発しているようですが、もとよりすべてではありませんが、「新型コロナ」以前からの問題が露呈したという企業が少なからずあると思います。

こうした理不尽な価格設定は、ガソリンスタンドにおける価格設定でも同じようなことが言えます。

ガソリンの元となる原油は、日本においてはほぼ一〇〇％輸入に頼っていることもあり、為替レートの影響をもろに受ける商品であることは百も承知ですが、異議あり……と言いたい人が大勢いると思います。

というのは、為替レートが円安になったその日から、ガソリン価格が上昇するのです。ガソリンが先入れ先出し法か、後入れ先出し法かはともかく、中近東の原油がタンカーで日本の港に運ばれ、それが精製されガソリンになるまで、少なくとも一カ月あまり必要なのです。ですから一カ月後に上昇するならばともかく、今日から明日から値上がりするというのは、ありえないことだと思います。こうした値決めが正しいと思いますか……と言いたくなります。

もう一つ、明らかに間違った経営を紹介します。この小売店は全国チェーンのスーパーマーケットです。この情報は、かつて日常的にこの小売店に買い物に行っていたある高齢の女性から聞きました。かつてと言いましたのは、このことがわかってからは、この小売店に買い物に行くのを止めたからです。

この小売店では顧客サービスの一環として、毎月数回の「高齢者デー」があります。ほぼ毎日のようにこの小売店に買い物に行っていたこの女性は、何気なく商品の価格を見ると、「高齢者デー」の数日前まで一〇〇円と値札が付いていた商品の値札が、一一〇円の値札が付いていたといいます。また別の商品は、それまで一〇〇円の値札のついていた商品が九〇円だったのですが、袋に入っていた数は一割ほど少なかったというのです。

これではまるで「オレオレ詐欺」と変わらない商売と思います。聞くと、この小売店のレジ担当は頻繁に変わるそうですが、こんな商売のやり方に我慢できないと辞めていくに違いないと思いました。

❖「黒字リストラ」後、ポストに居座る無神経

こうした間違った経営は値決めの仕方だけではありません。今後も増加する恐れもありますが、希望退職者の募集、つまりリストラ経営も然りです。

企業経営の最高の使命と責任は、五方良しの経営の実践、とりわけ社員とその家族の命と生活を守ることです。

リストラをされて、幸せを実感できる社員や家族など誰もいないし、路頭に迷って幸せを実感する社員や家族もどこにもいません。ですから企業経営においてやってはいけない最たることが人へのリストラなのです。

筆者は、人へのリストラは「企業経営という名を借りた殺人行為である……」とまで言うことにしています。

しかしながら、リストラは、今回の「新型コロナウイルスの感染拡大」のはるか前から、多くの企業、とりわけ著名な大企業において、繰り返し行われてきました。

しかも近年では、「赤字リストラ」どころか「黒字リストラ」までも平然と行う企業も増加傾向にあるのです。より腹立たしいのは、リストラを行った経営者は平然と居座ると

いう身の処し方です。

こうした企業を調べてみると、役員報酬は五〇〇〇万円以上どころか数億円以上という企業も少なからずあるのです。

リストラをせざるを得ない大きな問題を、社員が起こすことなどありえません。その大半は、経営者の決断の失敗で発生するのです。つまり経営者が「やってはいけないことをやってしまう」とか「やるべきことをやらない」ことこそが根本原因・最大原因なのです。

その失敗を何ら罪もない社員に擦り付けるような経営が、社員はもとより社会に認められるはずがないのです。

リストラの最大目的は総人件費の抑制であることを考えれば、万が一それが必要ならば、社員の頭数を減らすという発想ではなく、全体でその分の人件費を減らすという発想が必要なのです。

もっとはっきり言えば、まずは社長をはじめとした役員の報酬を大幅に下げ、それでも困難ならば次は部課長をはじめとした幹部社員の給料を下げることが正しいのです。例えば、年収五〇〇〇万円の役員の報酬を、その年は五〇〇万円にすれば、九名の社員の雇用が守られるのです。

それでもまだ人件費の削減が必要ならば、生活に極端な支障が出ない範囲で、一般社員にも協力を頂くというのが、正しい経営だと思います。

こうした対処は、企業の原点は家族であることを考えれば当たり前のことと思います。

これまた筆者がよく言うたとえですが、五人家族で三人分の食べ物しかない状態が一カ月も余儀なくされた場合の対処の仕方です。その家族の経営者である両親が、自分たちのお腹を最初に満たすことなどするはずがないのです。それどころか、「もう食べたから……」とウソを言い続けて死んでいくと思います。

筆者がよく言う「社員であった頃のことを忘れてしまった人が社長や役員になるとろくな社長・役員にならない……」とか「中小企業であった頃のことを忘れた企業が大企業になるとろくな大企業にならない……」という意味がこのことです。

こうした企業・経営者は社員を原材料・コスト・景気の調整弁と見ていると思えてなりません。

つまり、企業経営の最高の目的であり使命である人、とりわけ人の幸せが、目的ではなく手段となってしまっているのです。その目的を実現するための手段である業績や企業の発展が、目的になってしまっているのです。

❖ポストコロナ時代の正しい経営のあり方を示す二社

一方、ここまでやるのか……といった、立派な企業も少なからずあることが私たちの救いです。そのすべては紙面の都合で紹介できないので、ここでは二社ほど紹介したいと思います。

その一社は、次章以降でも登場しますが、横浜市の「さくら住宅」という社名の社員数五〇名の住宅リフォーム企業です。

創業以来、「五方良しの経営」を経営理念に、人をトコトン大切にする経営をぶれずに実践し続けている企業です。

「企業は社会的公器・企業は社会皆のもの」を旗印に、全社員はもとより、お客様や協力企業等取引先企業も株主というユニークな企業です。余談ですが筆者も同社が毎年六月に開催する株主総会に来賓として参加させていただいておりますが、五〇名の社員ですが、二〇〇名以上の方々が参加され、和やかに横浜の一流ホテルで開催される株主総会はお見事です。

同社のこうした経営は、今回の「新型コロナウイルス感染拡大」の元でも貫かれています。

仕事そのものは、工事の延期や多人数での工事を避け分割工事になっていることもあり、前年同期比ではかなり大幅に減少しています。また社員の大半は、いわゆる三つの密を避け、不要・不急を除き在宅勤務と言います。

こうした中、同社の社員の多くは、自宅でミシンを使い、手作りマスクをつくっているといいます。もちろん仕事の減少分を穴埋めするための新規事業などではありません。

在庫がない、交通難民のような高齢者世帯や障がい者世帯、さらには不足し困っている病院や福祉施設に無償で配布するためなのです。

また、自営業者の多い協力企業に対しては、家族や社員の数に応じて「見舞金」という名目で、金銭的に支援しているのです。この期に及んで、仕事を内作するとか値引き要請するような企業とは大違いです。

一方、社員の給料は、今こそ、使うべきと、こうした時のために贅沢をせず、これまで蓄えてきた積立金を取り崩し、雇用を守るどころか、現金も支給しているのです。

「会社が私や家族の命と生活を守ってくれているという安心感は、他には代えられないもの……」と同社のある社員が話してくれました。

もう一社素敵な企業を紹介します。

この企業は協和という社名の、社員数三〇〇名のカバン、主としてランドセルの製造・販売企業です。

同社の経営も上述したホテル等の事例とは真逆です。周知のようにランドセルの需要は小学一年生が対象です。今から七〇年前、小学一年生は約二五〇万人でしたが近年は約一〇〇万人になっています。昨年生まれた赤ちゃんが八六万人でしたので、六年後はさらに一段と減少してしまいます。

こうした中、売上高の確保のため、減少した需要を価格でカバーしようと、多くのランドセルメーカーは、ランドセルの高級化、つまり高価格化にシフトをしています。

高級化というと、言葉は美しいのですが、小学一年生が使用するランドセルとはとても思えないような、数十万円といったランドセルが巷をにぎわせています。

具体的には、ヨーロッパの著名なデザイナーがデザインしたとか、素材は希少な動物の高級な革を使用したとか、あるいは小学生の六年間で必要があるとは到底思えないような機能やアクセサリーを施すのです。

とても小学生のためとは思えません。どう考えても「社会の役に立つ・人間の役に立つ正しい商売」とは思えません。

しかしながら、「協和」では、こうした流れにあえて逆らい、市場価格六万円以上のランドセルは、たとえ要望されてもつくらない、売らない、と宣言し実行しているのです。同社の若松秀夫社長は「六年間使うという視点、使用する子供のことを考えれば、これ以上六年間で必要な機能はありませんから……」と言います。

この二社の事例や経営者の経営姿勢は、「ポストコロナの時代・ポスト経済性の時代」の、経営のあり方、進め方、さらには、私たち一人ひとりのこれからの生き方を見事に示してくれていると思います。

❖「心の生産性」の向上こそが何よりも大切

こうした経営の誤解・錯覚は、近年よく言われる生産性向上の議論でも同じようなことが言えます。

生産性は一般的に分母が投入、分子が算出で示されます。あるいは、分母が投資、そして分子が効果で表すこともあります。

分母である投入や投資は、一般的に総資本や自己資本、あるいは機械設備といった固定資産、さらには社員数や人件費・作業時間等となります。

一方、分子である算出や効果は、一般的に売上高や生産高、あるいは付加価値、さらには利益等となります。「投下資本効率」「人時生産性」とか「付加価値労働生産性」等が代表的な生産性指標です。

ですから、生産性の向上というと、当然ですが、分母をいかに小さくし、一方、分子をいかに大きくするか、つまり最小の投資で最大の効果を狙うような生産性になります。

こうした考え方に立った生産性向上は、例えば分母である社員で言うならば、「いかに五人必要と思われる仕事を三人でやれるようにするか……」とか、「いかに高賃金の正社員の仕事を低賃金の非正規社員でやれるようにするか……」とか、「いかに三時間かかっていた仕事を一時間でできるようにするか……」あるいは「いかに加工賃の高い社内の仕事を低い外注・協力企業にやってもらうか……」といったことに終始するのです。

生産性の向上という考え方は、決して間違っていることではありません。むしろわが国経済の再生はもとより、わが国企業の活力強化にとっても必要不可欠なことと思います。

しかしながら、これまでのような「経済効率を求めるような生産性向上」「顕在化した経営資源をターゲットにした生産性向上」では、今強く求められている生産性向上は困難と思います。

それればかりか、人、とりわけ社員や社外社員（協力企業）を、なお一層苦しめてしまうと思います。

近年の精神障がい者の増加問題の主因も、ここにあるといっても過言ではありません。つまり、今強く求められている生産性は、こうした伝統的な生産性ではなく、「人を幸せにする・人が幸せを実感する生産性」「人の潜在能力を高め、発揮するための生産性」なのです。別の言葉で言えば、「心の生産性」「感情の生産性」といえます。

残念ながら、これまでの生産性では、このことが軽視・忘れられていたのです。

筆者はかつて付加価値労働生産性や利益生産性が、長期にわたり、業界平均をはるか上回っているいい企業を多数研究したことがあります。そこには驚く程共通した経営の考え方・進め方がありました。

そのすべてをここでは紹介できませんが、その一つは、いずれの企業も社員の働き甲斐・満足度・幸福度、さらにはモチベーションが、そうでない企業と比較し、高かったことです。

つまり、生産性の向上は、これまでの生産性を測る分母や分子をどうするかではなく、社員の働き甲斐や満足度・幸福度、さらにはモチベーションを高めない限り、不可能であるという知見を得たのです。

上記調査の延長ですが、かつて筆者は、わが国を代表する著名企業で働く高学歴社員の「能力発揮度調査」をしたことがあります。簡単に言うと、「自分が持っている能力の何％

位を所属する組織のために日常的に発揮しているか」という調査研究です。

この結果、わかったことは、彼ら彼女らのあまりに低い能力発揮度でした。結論を先に言うと能力発揮度は、大半の人が一〇〜二〇%だったのです。

もとより九〇%以上はあり得ないと思います。それは自分の趣味や家族・友人・知人のために自分の持っている能力を使うのは当然だからです。

個人的には、せめて五〇%程度という仮説で調査研究をしたので、正直愕然としました。つまり、諸外国と比較したわが国企業の生産性が低い問題とか、近年の人財不足の問題も、ここにこそ本質原因があったのです。

しからば、なぜ、所属し生活の基盤を形成してくれている職場のために、十分な能力発揮をして貢献しないのでしょうか。そこには様々な理由がありますが、最大の理由は「経営者をはじめ役員の経営の考え方・進め方に対する不平・不満・不信感」でした。

つまり、これまでの生産性向上では解決できないばかりか、逆にやればやるほど生産性が低下するというものでした。

その意味であえて言えば、組織の生産性向上や社員の生産性向上は、経営者や幹部社員の、背中と心にかかっているといえます。

❖持続可能な社会づくりに貢献する企業経営

二〇一一年に発生した「東日本大震災」そして二〇二〇年に顕在化した「新型コロナウイルス感染拡大」は、これまで経験した「ドルショック」「オイルショック」「バブル崩壊」そして「リーマンショック」等といった、経済的な要因から発生した未曽有の危機ではありません。

あえて言えば自然界が与えた猛威です。しかも新型コロナで言うならば、世界同時に感染が拡大していくという問題でした。

その意味で言えば、「経済の論理」「企業の論理」「資本の論理」「効果・効率の論理」そして「ハードな生産性の論理」等を中軸に据えた企業経営では、社員はもとより社会の支持を得ることができなくなってしまうと思います。

こうした、時代が求める経営、進めなければならない経営とは「社会の論理」「社員の論理」「人間の論理」「幸せの論理」「命の論理」そして「ソフトな生産性の論理」等を中軸に据えた経営だと思います。

その意味では、ポストコロナはもとより、これからの企業経営のあり方・進め方は、

「人をトコトン大切にしている企業」が、どんな時代にあっても、ぶれず実践している経営にこそ、多くのヒントがあると思います。

詳細は次章以降で順次触れますが、あえてそのキーワードのみ示すと、「社員第一主義経営」「五方良しの経営」「命と生活を守る経営」「バランスの取れた経営」「腹八分経営」「社会的公器としての経営」そして「見えざる生産性向上経営」の実践ということになります。

ともあれ、こうした「正しい企業・真っ当な企業・お天道様に顔向けのできる経営」を愚直一途に実践する企業の飛躍的増加なくして、今回の「新型コロナショック」はもとより、今後のわが国経済の再生もあり得ないと思います。

こうした時代認識を踏まえ、それを克服・乗り越える企業の増大を祈りつつ、本書では、次代の企業経営のあり方・進め方を、多くの実例をベースに具体的に示すことにしました。

また、本書の執筆者は、新進気鋭の二人の中小企業経営の研究者であり、経営コンサルタントです。所属先はそれぞれ違いますが、共通しているのは、二人ともが「人を大切にする経営学会」や、人を大切にする経営学会が主催する「日本でいちばん大切にしたい会社」大賞審査委員会の事務局次長という要職に在るという点です。

さらに言えば「人を大切にする経営学」の普及と深化のため、新たに設置された千葉商科大学大学院商学研究科「中小企業人本経営（ＥＭＢＡ）プログラム」の客員准教授兼このプログラムのコーディネーターであるという点です。

加えて言えば、二人ともが、学理論ではなく現場重視を貫き、数多くの「いい企業」の現場に熟知している点も挙げられます。

本書を一読すれば、これまで当たり前のように考え、実践してきた経営の間違いに気づくとともに、それに代わる「人のための経営学」「人を幸せにするための経営学」の実践手法が次々に明らかになると思います。

2章

いかに優秀な人材を採用し、大切に伸ばすか

坂本洋介

1. 発展する企業は何よりも人を大切にする

伊那食品工業の人の捉え方

好不況に関わらず、業績を拡大させている企業とそうではない企業との違いはどこにあるのでしょうか。その決定的な違いは、経営そのものに対する考え方にあります。

業績が低迷する多くの企業では、企業経営の最大の目的・使命は、業績を高めること。ライバル企業との勝ち負けを競うことこそが目的になってしまっています。業績は重要ですが、それ自体が企業経営の目的ではなく、本来の目的を実現するための手段もしくは結果に過ぎないのです。

手段や結果である業績や勝ち負けを目的とした経営を実践すると、必ず誰かを不幸にします。その不幸になる人こそ、働く社員その人たちなのです。業績や勝ち負けを追求する経営においては、最も大切な「人」をコスト・原材料としか見ることができなくなり、大きな間違いを繰り返すのです。

では、その一方で、業績を拡大している企業は、企業経営についてどう考えているのでしょうか。これら企業では、企業経営の目的は、関わるすべての人を大切に、幸せにすることと理解・認識をして、その追求・実現するために、関係する人たちが「自分たちは企業から大切にされている」と実感する、そのような経営に取り組み続けているのです。

長野県伊那市に、業務用・家庭用寒天の製造販売を行う伊那食品工業があります。同社の塚越寛最高顧問は、人をコストと見る考え方について、

「社員を解雇することはこれまでなかったし、これからもありません。どんなに苦しくとも、経営者の責任として一度採用した以上はその人の幸せを考え、雇用し続けるのが当然です」

「突発的事項によって、一時的に景気が低迷したからといって社員を切るなどということは絶対にあり得ません。そのためにずっと取り組んできたし、売上が半分になっても社員を二～三年雇用するくらいの力はあるつもりです」

「企業の目的は経営者の虚栄心を満たすことではなく、いい会社にして皆で幸せになることこそが目的です」

と強く反論しています。

とにもかくにも「ヒト」

経営における三要素といわれるものに「ヒト・モノ・カネ」「人財・技術・情報」という言葉があります。確かに、この三つがなければ、企業活動は回っていかないのですが、この三つは並列ではないと考えています。

この三つの中で、最も先に来るのは、とにもかくにも「ヒト」なのです。ヒトがいて、そのヒトがモノ・サービスを提供することで、その対価としてカネがもらえる。そして、そのカネでヒトが新たなモノ・サービスを開発していく。企業活動はこのサイクルを繰り返して成り立っているのです。

世の中が不況や予期せぬ災害に見舞われたりすると、真っ先に社員をリストラしたり、非正規社員の雇い止めをする会社があります。こういった会社では、人を単にコストや景気の調整弁としてしか見ていないのです。

今回、コロナの影響で多くの企業がリストラや雇い止めを行っていますが、仮に、あなたが経営者から、「今は会社が厳しいからリストラするしかないから理解してくれ。でも、また好況になったら、来てほしい」と言われて納得するでしょうか。またそんな会社にまた戻って仕事をしようと思うでしょうか。戻る選択をする人は少ないと思います。

経営者は人が減った分を機械で補おうと考えるかもしれませんが、どんな優秀な機械であっても性能以上の仕事はできないのです。唯一、人間だけが自ら考え、本来持ちうる能力以上の結果をもたらすことができるのです。

お客様は神様という誤解

企業経営においては、様々な人が関係することになりますが、その中でとりわけ大切にすべき人は、株主でもお客様でもなく社員です。その理由は、お客様が喉から手が出るほど欲しい商品を創造できるのは社員だけだからであり、またお客様が感動し、リピーターとなるような価値あるサービスを提供するのも社員だからです。

もともと、日本には会社とお客様の関係を表す言葉として、「クライアントファースト」や「お客様は神様です」という言葉がありました。しかし、この言葉の真の意味を理解している人は少なく、多くの方がお客様のいうことは絶対という誤った解釈をしているように思います。

お客様は神様という言葉を生んだ演歌歌手の故三波春夫氏は、お客様の言うこと、求めることを果たすことが提供者の絶対的使命とは決して言っていなかったのです。その言葉の真の意味は次の通りです。

「三波春夫にとっての『お客様』とは、聴衆・オーディエンスのことです。客席にいらっしゃるお客様とステージに立つ演者、という形の中から生まれたフレーズなのです」

「あたかも神前で祈るときのように、雑念を払って澄み切った心にならなければ完璧な藝《げい》をお見せすることはできないと思っております。ですから、お客様を神様とみて、歌を唄《うた》うのです。（中略）演者にとってお客様を喜ばせるということは絶対条件です」

つまり、「お客様は神様」というのは、提供する人（主）とされる人（客）の一般的な関係を指した言葉ではなく、演者が観客を異界へと誘う、芸能という特殊な世界での言葉だったのです。

いつしかそれが、「企業が自己犠牲を払い、お客様にとことん尽くすのが当たり前」という捉えられ方に変わってきてしまったのです。確かに、お客様に嫌われた会社や商品・サービスに未来がないというのは間違いではないとは思いますが、では、お客様が喜ぶなら、企業・社員が自己犠牲を払ってまで、顧客満足を高めればよいのでしょうか。

それは行き過ぎているように思います。企業にとって、お客様は大切ですが、お客様に提供する価値を創造するのは社員です。顧客満足度を高めることは企業にとって必須ですが、それは、お客様に喜んでもらえる、お客様を幸せにするための価値を提供できる社員がいて初めてできることなのです。

お客様が喉から手が出るほど欲している新たな価値、リピーターになりたいと思う感動サービスの提供者は誰かを考えてみてください。これは「鶏が先か、卵が先か」の議論ではなく、やはり社員が先なのです。社員に幸せと感じてもらえて初めて、その社員が恩返しのような形で、お客様に感動を与えるのです。これが本来あるべきサイクルだと思います。

従業員という言葉への違和感

仕事柄、多くの経営者と話をする機会があります。その際に何人かの経営者から聞くことが多かったのは、「従業員」という言葉に違和感があるというものです。実は筆者も、それでは何が正解なのかといわれるとわかりませんが、違和感を持っていたのです。

そこで、その言葉の意味を辞書で調べてみると「雇われて、ある業務に従事している人」と記載されていました。業務に従事している人だから「従業員」で、言葉だけ見れば間違いはないとは思います。

ただ、別の解釈をすると、雇われて、業務に従わされている人と捉えることもできなくはないのです。いずれにしても「雇われて」という言葉に、どうしても企業側からの目線、企業と従業員の上下関係を少なからず感じさせてしまっているのではと思います。

企業と社員の関係はさまざまありますが、少なくとも主従の関係ではないように思います。「従業員」という言葉を今すぐ変えろというのは、これまで使われ続けてきたこともあり、なかなか難しいとは思います。

ただ、発展を続ける企業では、企業と社員の関係性を常に考え、社員を一人の人財として見ているのか、自社に所属することで、社員が喜びをかみしめられるような経営ができているか、と繰り返し自問自答しているのです。

「会社は家庭の延長線上」と考えるサイベック

発展を続ける会社に共通しているのは、経営者と社員の関係がまるで大家族のような関係で経営を進めているということです。ここで言う大家族的経営とは、企業をまさに家族・家庭と位置付けた経営のことです。

もとより、大家族的経営のもとでは、組織のトップは社長ではなく、「父親・母親」となり、管理者は上司ではなく、「兄・姉」となり、そして一般社員は部下ではなく「子供、弟・妹」という位置付けになります。

企業経営では、業績を高め、組織を成長・発展させることが、最高・最大の目的・目標になりがちですが、大家族的経営では業績や成長が目的・目標ではなく、家族である組織構成員一人ひとりの幸せや成長こそが目的・目標となります。

つまり、組織メンバーの関係は、競争関係・上下関係ではなく、共生関係・協働関係になります。

こうした、家族・家庭とみた大家族的経営への関心が、ますます高まっているように思います。これまでの行き過ぎた企業間競争や社員間競争等により、社会も会社も疲弊しきっています。

これら企業では、「競争ではなく共走」「教育ではなく共育」という言葉が使われているように、家族なのだから、喜びも悲しみも苦しみも、共に分かち合う温もりや幸せこそを大切にする考えが強く根付いているのです。

長野県塩尻市に超精密部品の金型開発及びプレス加工を行うサイベックコーポレーションという会社があります。以前、同社の平林巧造社長にお話を聞いた際に「当社の最大のブランドは、加工技術ではなく、社員（家族）です」と話してくれました。

ちなみに、二〇一四年一〇月にＷｅｂサイトがリニューアルされ、外国語対応を強化したため、現在その記載はありませんが、それ以前の同社Ｗｅｂサイトの採用情報には、「社員」紹介ではなく「サイベックの家族紹介」というページが存在していました。

その理由を社長は、

「設備にしろ、金型にしろ、社内にはいろいろな技術があります。ただ、それを生み出しているのは人財であり、人財なくしてモノづくりはできません。会社、商品、サービスは、すべて社員から生まれているので、会社の魅力とは社員そのものだと思っています」と話します。続けて、

「家族というのは包み隠し事のない関係です。したがって、社員には会社の数字をすべて見せています。もし会社の業績が悪くなれば、その苦しみを分かち合うのが家族です」

「常に心がけていることは、会社内でいかに本当の家族でいるような生活習慣をつくるかです。それがあることで、社員は心に余裕が持つことができ、いい仕事ができると思っています。人財づくりのベースとして組織風土をとても重視しています」

「会社は家庭の延長線上」というのが、社長が考えている会社の雰囲気をつくる上でこだわっている究極の姿です。家を出ても、まったくストレスを感じない家庭の延長線上に会社があり、「会社という自宅」に出社しているんだ、と社員が感じてくれることを理想としているのです。

会社を信頼してもらうために社員を見てもらう

企業視察・工場視察の受け入れを行っている企業が数多くあります。その目的は、自社の商品・技術のＰＲであったり、新たな顧客獲得・販路開拓であったり、地域社会・地域

住民への社会貢献であったりと様々です。

しかしながら、それとは違う理由で、企業視察を受け入れる企業も多くなっているように感じます。

例えば、現在は視察受け入れを一旦中止していますが、上述したサイベックコーポレーションでは、「技術がいくら優れていても、信頼できない企業とはビジネスをしたくない」と考えており、顧客も同じに違いないと理解しています。

同社が工場視察を受け入れ、会社をオープンにしているのは、工場環境や技術より、本当のところは、社員を見てもらいたいからです。社員を見てもらうことで、「この会社にはこんなにいい社員がいるのか。こういう人たちがモノづくりをしている会社であれば、一緒にやってみたいと、視察に来る人たちに感じてもらいたいから」と、社長は話していました。

また、その視察方法に関しても、工場視察を行う際に、単に経営者や責任者がすべてを説明するのではなく、その現場・現場の担当者が自身が担当する業務について説明をするような取り組みがなされています。

イキイキと自社のこと、業務のことを話しているその姿に、私たちはその会社の社員の質・社員力を感じ取ることができるのです。

「日本でいちばん大切にしたい会社」大賞の審査項目

発展を続ける企業の人に対する考え方を数字で把握する方法があります。それは筆者らも審査に関わっている、人を大切にする経営学会が主催する「日本でいちばん大切にしたい会社」大賞の中の審査項目を見ることです。

具体的に言えば、その応募要件の中で、「過去五年以上にわたり、希望退職者の募集など人員整理（リストラ）をしていない」ということをあげています。

また、審査項目の中でも、「正社員の年間平均賃金（時間外手当を除く）は業界平均以上ですか」「正社員の年間平均転職的離職率（他の会社への転職により離職すること）は二・〇％以下ですか」「正社員一人当たりの月間平均所定外労働時間は一〇時間以内ですか」「実質定年年齢は七〇歳以上ですか」といった、働き方に関することを聞いています。

さらに、「年次有給休暇の取得率は七〇％以上ですか」「過去三年間において在籍中出産した女性労働者の育児休業取得率が九五％以上ありますか」「法定福利以外の福利厚生制度が三つ以上ありますか」「明文化された経営理念、社是等に関係者の幸せに関する内容がありますか」といった福利厚生・社風に関することも聞いているのです。

しかも、ただ単純に「Ｙｅｓ・Ｎｏ」での確認ではなく、具体的な数値まで示して聞いています。大賞受賞企業は当然ですが、応募企業の多くが、この数値をクリアしており、また到達していなくても、到達に向けた取り組みを行っており、人に対する考え方が数字にも如実に表れるのです。

2. 採用が厳しい業界でも人を確保できる

人気企業に変わった船橋屋

よく、うちの会社は不況業種・斜陽産業だから、優秀な人は入らない。うちの会社みたいな中小・零細企業には優秀な人は入ってこないと嘆く経営者がいます。そういった企業では、初めから人が来ないとあきらめ、定期的な人財採用活動を行わず、自らその可能性を閉ざしているケースが見受けられます。

また、優秀な人財は、総じて大企業をはじめとした有名ブランド企業を志向しているので、賃金や福利厚生などが比較劣位にある中小企業にはなかなか振り向いてはくれないと、決めつけている企業関係者が多くいます。

しかし、これこそが最大の間違いなのです。門戸を閉ざさない限り、その可能性がなくなることはないのです。実際に、どんなに交通不便な地方の企業であろうが、労働環境が厳しかろうが、成長発展がないと考えられている斜陽産業に属する企業であっても、入社希望者が押し寄せる企業は存在しているのです。

東京都江東区に、くず餅・あんみつ等の製造販売、和スイーツなど創作カフェの経営を行う船橋屋があります。「くず餅ひと筋真っ直ぐに」を経営理念に、一八〇五年（文化二年）の創業以来、二一五年続く老舗企業で、同社のくず餅は東京を代表するお土産になっています。

そんな歴史のある同社ですが、現在で八代目の渡辺雅司社長が入社した一九九三年頃は、工場にいる職人たちは、茶髪やパンチパーマといった髪型をしていたり、食品を扱っているのにも関わらず、清潔感を感じない服装をしている人たちが多くいました。

また昼休みになれば、麻雀を始めたり、午後も仕事が早く終われば、日の高いうちから飲みに行くようなこともしばしばあったそうです。地元の方からは、そういった人が歩いていると「あれは船橋屋の人間だ」と言われるほどで、当然、入社希望者はなかなか現れず、採用に苦労していた企業の一つだったのです。

しかし渡辺氏は三〇〇年企業を目指して、古参の職人たちから反発を受けながらも、老舗企業にあぐらをかくことなく、組織活性化プロジェクトを推進しました。同社社員としてのもっとも大切な旗印を示した【KUZUMOCHIZM】の提示、さらには、これまですべてを職人の勘で行っていた製造過程をマニュアル化しての見える化、SNS戦略など、同社が進化・深化するための取り組みを次々と実行していきました。

ただ、いずれの取り組みも、同氏が中心となって行ってきたことで、社員の多くは自ら考えることをせず、指示待ちタイプになっていたのです。そこで、「すべて社長が指示するトップダウン型組織ではなく、社長が掲げたビジョンをみんなが共有して働く組織にする」「これからは、自分も社員も笑顔でワクワクしながら働ける会社にする」と意識・行動を変えたのです。それ以降、会社の空気・雰囲気が徐々に変わっていきました。

その取り組みの一つとして、現場のリーダーを投票で選出する「リーダーズ総選挙」を実施して、年齢・性別に関わらず、選ばれた社員に現場を任せるようにしました。この結果、社員たちが、自らの意思で動く「オーケストラ型組織」へと方向転換していったのです。同社は、社員が当事者意識を持ち、創意工夫を積み重ねる、全員参加型経営の領域に到達していったのです。

伝統を守りつつも新しいことに挑戦し続ける同社の取り組みは、老舗企業に対して堅苦しい雰囲気を持っていた入社希望者の意識を変えることに成功しました。さらに採用面接では、現場役員にも面接に参加してもらうことで、「自分たちが選んだのだから、一緒に頑張っていかなければならない」という意識を醸成することにつなげています。居心地のいい会社へと進化を遂げたことが、入社希望者にも広まり、ピーク時には新卒就職希望者が数名の採用枠に一七〇〇〇人も押し寄せる人気企業になったのです。

松山油脂の密なコミュニケーション

人財を確保するために、絶対にやってはならないことがあります。それは門戸を閉じないということです。門戸が開いている限り、自社に興味・関心を抱いている人財は気づき、集まってくるのです。

そのためにやるべきことがいくつかあります。一つ目は好不況に関わらず、毎年採用活動をし続けることです。当たり前のことですが、採用活動を止めれば、人は入ってこない、これないのです。

前述した大賞の中の審査項目の一つに、「ほぼ毎年新規学卒採用を行い、その年間定着率は九五％以上ですか」という設問があります。

これまでの大賞受賞企業は、ほぼこの項目をクリアしていました。つまり、採用活動をし続けていれば、必ず希望者は現れ、様々なあり方・やり方を工夫する必要はあるでしょうが、その定着も極めて高くなることは証明されているのです。

東京都墨田区に、透明石けん及び化粧石けん製造販売・スキンケア化粧品製造販売を行う松山油脂があります。

同社の松山剛己社長は、極めて当たり前のことですが、採用活動は会社と求職者が対等な立場に立ち、互いのことを理解し合う場であると考えています。そこでは、まず、自分自身の人となりや思いを伝え、また会社が大切にしていることや目指している方向を理解してもらい、共感してもらい、一緒に汗をかくことを厭わない、とまで思ってもらえるようにすることを重視しているのです。

また、求職者に本音で話してもらうために、自分も本気で語りかけ、一対一、face to faceで話をして、一緒に仕事をしたいと思ってくれる人たちに、会社に入ってもらいたいと考えています。

入社後も、多くの企業が釣った魚にエサは与えないような対応を取ることがある中で、同社はとにかく密なコミュニケーションを欠かさず行っているのです。

例えば、毎週月曜日に三〇分～一時間の朝礼を行っていますが、その中で、常にビジョンを語る。とにかく語るようにしているのです。また、朝礼以外の場でも、食事をしながらであったり、ある時は車で移動しながら、また社長室等で、自ら、社員の仕事面だったり、プライベート面だったり、あらゆることに関して、腹を割って話し合おうとしています。

この社員との対話において、同氏は社員たちが、自分の仕事や考えていることを話すように仕向けています。そうすることで、社員一人ひとりが、主体的に自分の成すべきことを考えるようになり、この会社での自身が果たすべき責任・目的、やりがいを見つけていくのです。

話は戻りますが、前述した通り、審査項目の中では、あえて「新規学卒採用」に限定しています。なぜ、新規にこだわっているのかと言えば、今後、永続・継続していくことが求められる企業において、その根幹となるのは長く在籍する、会社をよく知る社員になるからです。

その社員たちが、自らの背中と行動で、新たに入ってくる新入社員に対し、会社の理念や大切にしてきたことを示すことで、後輩社員はそれに触発され、文化が継承されていくとともに、自分たちも先輩のような社員にならなければという意識が高まり、社員が育ち、風土が形成されるのです。

高齢者を積極活用するコーケン工業

間違いなく、この国では少子高齢化・グローバル化が進んでいます。今後、限られた人財の奪い合いが行われることは間違いない中で、重要になるのがダイバーシティ採用です。

ダイバーシティとは、もともとは多様性・相違点という意味の言葉ですが、近年、企業経営の中では、人種・国籍・性・年齢を問わずに人財を活用するという意味で使われています。採用においても、今まで以上に、男女、国籍、学歴などを重視しない、その人物・人間性を重視した形式が進んでいます。それは、異質な人財を意図的に採用し、多様性を前提とした組織の活性化を進めるためです。

どうしても、フィルターをかけてものを見てしまうと、どんなに自社に合った人財であっても、そのフィルターから外れているというだけの理由で排除されてしまいます。

男女、国籍、学歴などでは測ることができない能力・経験を持った人財はキラ星のごとく存在しています。不必要なフィルターを外し、その人物をしっかりと見て、自社の理念・考えに合い、この会社で活躍できると確信できたならば、迷わず採用すればいいのです。

ただ、様々な異質な社員が存在しさえすれば、彼ら・彼女らが勝手に活躍してくれる、というわけでは当然ありません。すべての社員を一切差別することなく、その多様性を認めながら、公平に扱っていく。そうすることで初めて、風通しの良い組織風土が形成されていくのです。

静岡県磐田市に、「パイプ加工・パイプ曲げ・パイプ切断・パイプ切削・パイプ板金加工」などを行う、コーケン工業があります。第七回「日本でいちばん大切にしたい会社」大賞で、中小企業庁長官賞を受賞した同社の最大の特徴が、高齢者の積極的活用です。

現在では、一〇代から八〇代までと実に幅広い年代の社員がいて、さながら、四世代家族のように協力し合って働いています。しかも、一般的な企業であれば、定年退職を迎えている六〇歳を超えた社員が全社員の約三〇％を占めているのです。

雇用のきっかけは、バブル時代に、若者採用が難しく、苦肉の策で「九〇歳まで採用します」と、元気な高齢者を募集したのが始まりでした。同業他社や周辺の企業からは、「そんな高齢者ばかり雇用してどうするんだ」と言われたそうですが、実際、雇用をしてみると、経験豊富で出勤率も高く、大きな戦力となりました。

さらに仕事面だけではなく、若手社員を孫のように面倒をみて、積極的にアドバイスもしてくれ、また若手社員たちも、高齢社員が働きやすいような工夫を考えるなど、互いを思いやりながら働く良い関係が構築されたのです。

女性が生涯働きたくなるような会社を

これまで、企業が古い価値観に縛られて、できるだけ男性を採用したいという男性中心の採用活動が展開されてきました。しかし、今後の日本の労働力人口の推移を見れば、その考えがすでに限界にきていることがわかります。

二〇一〇年に一億二八〇〇万人だった日本の人口は、二〇二〇年では一億二五〇〇万人、二〇三〇年では一億一七〇〇万人、そして二〇四〇年では一億七〇〇万人になると推計されています。この三〇年間で約二〇〇〇万人もの大幅な減少になると予測されています。

より深刻なのは、一五歳から六四歳の生産年齢人口で、この層は二〇一〇年の八一〇〇万人が二〇四〇年では五八〇〇万人になると推計されており、この三〇年間で、約二三〇〇万人もの減少が起きることになるのです。

今後、人財不足となることが明らかな時代において、極めて有効な対処策の一つが女性のさらなる活用です。というのは、生産年齢に達している人口のうち、労働力として経済活動に参加している者の比率を示す、労働力率に関するデータを見ると、男性のそれは七一%に対し、女性は五〇%に過ぎないのです。

さらに言えば、男性の労働力率は一九八五年当時の八一%から年々低下しているのですが、女性のそれは一九八五年当時の四八%から二〇一五年統計では五〇%と、逆にこの間微増ではあるが増加しているからです。

ちなみに、日本の男女別の労働力率を年齢別に見ると、一五歳〜一九歳の労働力率は男性が一五％、女性が一四％と、ほとんど変わらないのに対して、二五歳～五九歳までのそれは、男性は九〇％以上であるのに対し、女性は七〇％～八〇％に過ぎないのです。

その意味では、こうしたギャップが生じるのは、社会や企業の問題が大きいからと思われます。もっとはっきりと言えば、日本の企業や社会は女性にとっては総じて働きにくい、活躍しにくいということを明確に示しているのです。

あらゆる年齢層の多様・多彩な知力や考えを持った女性が、生涯、働きたいと思えるような、あるいは活躍することが可能な社会の形成や企業経営を進めることも重要となってくるのです。

3. 地方において人が集まる会社とは

日本レーザーに入社した有名大学出の女子大生

一般的に見て、地方の不便な場所にある企業では採用に苦労していると、勝手に思っている人たちがまだまだ多くいます。しかしながら、筆者らがこれまで訪問調査してきた企業の中には、とても便利とは言えない場所に立地し、賃金も大企業と比較して決して高いわけではない。またその福利厚生施設が、大企業のそれと比較して充実しているわけでもないのに、国内はもとより遠い海外からも入社希望者が殺到する企業を数多く見ています。しかも、その人財を見ると、大企業が喉から手が出るほど欲しい優秀な人財ばかりなのです。そればかりか、そうした多くの人財は、名だたる大企業の内定をことごとく断り、あえて中小企業を選んでいるのです。

こうした現象は、企業規模だけではなく、業種にしても、ロケーションにしても同様に起こっています。つまり、大切なことは規模や業種、ロケーションなどではなく、人財確保と社員への強い思いがあるか否かなのです。

優秀な人財の企業を見る目は明らかに変わってきています。彼らは規模や賃金などといったハード面ではなく、はるかに重要な幸せや仲間といったソフト面で企業を評価しだしているのです。

こんなエピソードがあります。人を大切にする経営学会会長の坂本光司氏が二〇〇八年に『日本でいちばん大切にしたい会社』を出版しています。当時、それを読んだ就職活動中の有名大学に通う女子学生が、前出の日本レーザーで面接した際に、志望動機を次のように話をしたことを、近藤会長が教えてくれました。

その学生は「書籍を読んで、ぜひ自分も人を大切にする経営を行う企業で働きたいと考えるようになりました。書籍に掲載されていた事例の中で、御社が一番志望に合い、自身を活かせる会社だと思いました」と話したそうです。

その学生は、その後、めでたく入社することができ、入社後、お会いした際にも、「業績を過度に追求しない、人を大切にする企業を知ることができてよかった」と話してくれました。

こうした現実を踏まえると、中小企業だからという理由で、人財確保の困難さを嘆くことはもはやありません。中小企業はよりもっと自信を持って人財確保に注力するべきです。

錦の御旗となるべき理念の存在

人が集まる会社には、社員はもとより、入社希望者を惹きつける錦の御旗となるべき理念が存在していて、その経営を軸とした経営が行われています。

経営理念とは、企業経営の目的・使命を包括的に表現したものです。つまり、自社は何のために存在しているのか、自社は何を通じて世のため人のために貢献するのかを社内外に対して示す宣言文であり、全社員の精神的支柱となるものです。

経営理念の制定と、それにもとづく経営の実践が必要となる理由は大きく二つあります。一つは組織を構成する全社員のベクトル合わせです。どんな組織であれ、組織は個性をもった人間集団であり、組織の目的・使命である経営理念が存在しなければ、今最も必要な、全社一丸となっての総力発揮の経営等をできるはずがないからです。

つまり、経営理念が存在していないということは、まるで方向舵のない飛行機や船に乗っているようなもので、その経営は主体性がまるでなく、ただただ風任せの経営になってしまうからです。より不安なのは、その企業に所属する社員です。どこに向かうかもわからない飛行機や船に乗ることは不安でしかなく、またいくら空席があっても進んで乗りたいと思わないはずです。

自社が進むべき・目指すべき方向を示し、それに賛同する人が集まる。「この指とまれ」の姿勢こそが、人を集める秘訣となるのです。

前述した理念に近い部分もありますが、人が集まる会社には、創業時あるいはその後を問わず、経営に対する志や思いが、他の企業と比較し、抜きん出て高いのです。そういった企業の経営者や社員は、そもそも経営への熱意・気迫・思い入れが、他の企業とは決定的に違っていると言っても過言ではありません。

高い志とは、言うまでもなく、「将来どういう会社になりたい」とか、「どういうことを通じ、世のため、人のために貢献したい」といった経営への熱きロマン・思い・信念・経営目標といったものです。

いずれにしても、規模、業種・業態を問わず、この志そのものが高い企業が、それが低い、または存在していない企業と比較して、その業績も変わってくるのです。

では、なぜ、志の高さやその内容によって、企業の成長と発展に大きな格差が生まれるのでしょうか。それは、「ローマは一日にしてならず」「雨垂れ石をも穿つ」という諺がそれを見事に示していると思います。

経営のみならず、どんな分野でもそうですが、偉大なことを成し遂げるには、高い目標を自らに課し、それに近づくための超長期の視点に立脚した努力の積み重ねが必要となるからです。

なぜなら、この志、つまりその経営目的、経営目標が不明確であれば、全社員はもとより、お客様との価値観の共有ができず、全員経営・総力発揮経営など到底できません。

その志や思いが低ければ、経営者はもちろん社員も、たいした努力をせずとも、それを短日時に成し遂げ、自己満足に浸ってしまいます。また、初めから志がなければ、問題がどこにあるかもわかるはずもなく、常に小さな、どうでもいい変化にも右往左往してしまい、その日暮らし的な経営に陥るのは当然なのです。

「あるべき姿―現状＝問題」になるのだから、あるべき姿がない企業では、どこまで努力・何を改善すればいいかさえわからないのです。

社長の思いをダイレクトに伝える天彦産業

地方にある中小企業の経営者は、人財採用において大きな勘違いをしているように思います。うちのような地方の無名の小さな企業には優秀な人財は来ない。だから「来るものは拒まず」で採用するしかないと考えている方が、いまだに多いように思います。さらには、せっかく採用した社員がすぐに辞めてしまう、という嘆きもよく聞きます。

では、地方の中小企業はこの問題をどう解消していけばよいのでしょうか。そのカギは定着率向上にあるといえます。今回の新型コロナウイルスが感染拡大する前の就職市場は、間違いなく求職者優位の売り手市場となっていました。就職希望先企業をじっくり選び、これまでのように複数社を応募することも少なくなっていました。「来るもの拒まず」で採用活動していた企業では、優秀な入社予定者の確保に苦しむことになるのは当たり前の話です。

そこで苦しまないために求められるのが、入口となる採用段階での絞込みです。人手不足なのに入口を狭くすれば、ますます人財が集まらないのではと考える方も多いと思います。

しかし、本当に重要なのは、採用数ではなく入社後の定着率です。単純に、数多くを採用すればいいと言うことではありません。よく「七五三現象」と言われるように、新規学卒者は就職して三年以内に中卒の七割、高卒の五割、大卒の三割が離職をするというデータがあります。これでは、いくら採用しても意味はないのです。

では、採用者が短期間で離職しないために取るべき策として重要なことは、まず、入口となる採用段階で、自社の理念・働き方に共感できる人材か否かを徹底的に見極めることです。

自社に対する思い入れや、この会社だからこそ働きたいと思えるものを提供できていない状況で仮に採用ができたとしても、その採用者は、この会社だからという思いは少ない、言葉は悪いですが「たまたま入社」した人材でしかないのです。しかも、そういった人材は、同業他社で同種の仕事、賃金の高い仕事があれば、当たり前のように転職をしていくのです。

自社に興味がない、優先順位の一位が賃金だという人材をつなぎとめようと努力するのは、正直無駄な労力を費やすことにしかなりません。要望に応えるままに賃金を上げ続けることなど、当然できるはずはありません。また理念を共有するというのは、技術を教えるのとは違い、一朝一夕でできるものでもありません。

大阪府大阪市に、国内外における特殊鋼、ステンレス、シリコロイの素材販売、加工販売を行う天彦産業があります。

同社の樋口友夫社長は、人財獲得のために、最初の採用説明会から自らが登壇して自身の思いを伝えています。その理由は、「それが選ぶ権利を持つ学生への誠実な対応だ」と考えているからです。

ある会社説明会でも、自社の説明やPRは一切せずに、学生に対して、生き方やあり方といった自身の考える人生にとって大切なことを熱弁した後、こんな質問を学生にぶつけたそうです。

「志があるという人は手を挙げてください」。そして会場の様子を見てこう続けました。

「志のない人は帰ってください」。その理由を聞くと、「志のない人は当社でも他社でも必要とされないからです」。

また、説明会で居眠りしている学生を見つけるや否や「こんな大切な時に寝てしまう緊張感のない学生は帰ってください」と退席を促したこともあったそうです。

本来は、少しでも会社のことや商品のことを知ってもらいたいとPRする経営者が多い中で、社長の考えや情熱、思いなど、気持ちをダイレクトに伝えることに強くこだわっているのです。

上述したように、重要なのは採用数ではなく定着率なのです。一〇人の採用枠に三人しか来なかったと嘆く経営者がいますが、結論から言えば、その三人で十分なのです。その三人は少なくとも、数ある企業の中から自社を選んできた「わざわざ入社」の人財だからです。

わざわざ入社する人財は、当然、自社に対する思い入れもあり、理念にも共感しているので、他社で同種の仕事・高賃金の仕事があったとしても、簡単に辞めることはまずないはずです。自社のため、お客様のために喜んで仕事をするその一人ひとりの働きは一〇〇人力に匹敵するものになるのです。たとえ少数であっても、精鋭であれば意欲・生産性は、逆に向上するのです。

だからこそ、追い求めるのは採用数ではなく、理念に共感する、この会社だから働きたいという人財なのです。極論を言えば、そういった人財に巡り合えなかった時には、あえて採用しないということをしてもよいと思います。

賃上げよりもトップ・上司への信頼感

少し古いデータにはなりますが、東京商工リサーチが公表した、二〇一八年度「賃上げに関するアンケート」調査結果（有効回答：七四〇八社）を見ると、人財を引き留めるための賃上げに大きな効果はないということが見て取れます。

その調査で、「賃上げを実施した」と回答した回答者に、「賃上げした理由は何か」を複数回答で聞いた設問の調査結果を見て正直驚きました。それは選択肢の中で最も回答が多かったのが「雇用中の従業員の引き留めのため」。つまりは、社員を辞めさせないためというものだったからです。

しかも、その回答は、回答があった五三八四社の内の実に二七三五社（五〇・八％）と過半数が回答していたのです。さらにこれを規模別に見ると、大企業が四二・二％に対し、中小企業は五二・一％と、中小企業が九・九ポイントも上回っていたのです。

では、「賃上げにより、どのような効果があったか」という設問を見ると、「従業員の引き留めに成功した（離職率が低下）」は、大企業一四・六％、中小企業一七・二％と、賃上げしたことが引き留めの大きな効果にはつながっていないことがわかったのです。

ちなみに、最も効果があったと回答しているのが、「従業員のモチベーションが上がった」で、大企業六四・六％、中小企業五九・二％が回答しています。このことからもわかるように、賃上げは一時のモチベーション向上にはつながるものの、社員を引き留めるまでの効果は得られにくいということです。

さらに、一度、賃金を上げてしまったら、社員は毎年、賃金が上がることを期待するでしょうし、また一度でも、賃金が下がるようなことがあれば、せっかく上がったモチベーションも、あっという間に下がってしまうのです。

中小企業は、賃金アップによって、社員の引き留めを行うべきではないのは明らかです。では、中小企業は、社員をどのようにして引き留めるべきなのでしょうか。

以前、筆者も委員として関わった、二〇〇八年に行った中堅・中小企業の優秀な「人財」の確保に関するアンケート調査では、社員のモチベーションが下がる理由として、「経営者や上司への信頼感をなくした時」が、「賃金や処遇に対する不満が生じた時」や「職場の人間関係が悪化した時」などを抑えトップだったのです。

さらに、社員のモチベーションを高める上で最も重要なこととして、「トップの人格・見識・能力」が、「仕事にやりがいを持たせること」や「成果に見合う賃金体系」などを抑えトップだったのです。

調査実施時期はかなり前になるとはいえ、この結果は、現在でも当てはまるように思います。トップの言動・行動の不一致やパワハラに近い対応などを見聞きした途端、トップ・会社への信頼感を失ってしまうのです。人が集まる会社のトップは、そのことを強く認識して、自身の背中で皆を導くトップになっているのです。

社員が会社に対して求めていることは、有名になることでも、ナンバーワンになることでもありません。人を大切にする経営でいちばんに重要なことは、会社を潰さないこと。つまりは、働ける場所を奪わないことです。社員は自分たちの働く場所がなくなってもいいから、より給料が欲しいとか休みが欲しいなどとは言わないはずです。

経営者も人を大切にするという言葉を取り違えていて、とにかく、社員に給料や休みといったハードを提供すれば、人を大切にしていると思っているように思えます。ただ、それをするためには、そのハードを提供できるだけの売上・利益が必要になるのです。無い袖を振ってまで提供した結果、会社が潰れては元も子もないのです。皆、安心感を感じる場所にいたいと思うものなのです。

人の命と生活を守ることが最大の使命

たとえ、自身が創業した会社であっても、自分以外の他人を採用しようと思うのであれば、自分の私利私欲のためだけで動くわけには当然いかなくなります。外部から人を採るということは、その人たちの未来・人生を預かるということになります。

そこで、経営者が会社の利益、自分を儲けさせるために働けという態度・言動を少しでも見せたならば、その瞬間に人が集まるどころか、次々に離れていくことになります。もし、自己実現・自利を真っ先に考えるなら、他人を雇用することなく、自営の途を進めばいいのです。

自分以外の他人を入れた時点で、いくら自分の会社であっても、社会的公器の目で見られ、あなただけではない皆の会社に変わるのです。

その時点で、人を幸せにすること、人の命と生活を守ることを自身の最大使命として、常に自分が社員の立場だったら、やってほしくないことは止め、逆に、自分が社員だったら言ってほしいこと、やってほしいことを実践していく。自利ではなく、利他の心を大切にすることが求められます。

4. 社員教育と会社の成長

社員教育に必要な「お金」と「時間」

では、社員教育と企業の成長には、どういった関連性があるのでしょうか。その関連を見る上で、「日本でいちばん大切にしたい会社」大賞の中の審査項目の一つが、その指標として目安になります。

その中で、社員の教育訓練に関し、「社員の教育訓練に売上高の一%以上、または社員一人あたり年間一〇万円以上、または所定内労働時間の五%以上かけていますか」という確認をしています。

時間について、わかりやすく言えば、年間の労働時間が二〇〇〇時間だとすれば一〇〇時間。つまり、一カ月約八時間、つまり月の一日を教育に費やすということになります。

しかし、ある調査によれば、教育訓練費の平均値は、大手企業でも数万円、中小企業では数千円と、教育にはあまりお金をかけていないのが現実です。その中で、大賞を受賞した企業では、人こそが価値創造の担い手と考え、少なくとも上述した指標のいずれかをクリアしているのです。

ちなみに、この大賞の六つある応募要件の一つが、過去五年以上にわたって、営業利益・経常利益ともに黒字（除くＮＰＯ法人・社会福祉法人・教育機関等）であるというものです。このことだけを見て、社員教育に時間とお金をかければ、企業業績が拡大するというのは少し乱暴ではありますが、少なくとも、業績を拡大させるための重要な要素であることは間違いないといえます。

また、実際に中小企業に就職した人たちの声を聞くと、「人が少なく、一人でたくさんの仕事をしないといけないので、業務の幅が広がり力がつく」「仕事の流れが一部分だけでなく、全体がわかるようになる」「いろいろな経験ができるので成長が早い」という話がよくありました。

中小企業の場合は、ＯＪＴの中での教育も多く、また一人ひとりが、同時に複数の仕事をこなすマルチタスクが行われるため、彼らの成長がそのまま会社の成長につながるケースが、決められた仕事を行うことの多い大企業よりも多いといえます。

「日本一勉強する会社」を目指す水上印刷

社員教育に対する考え方・進め方も重要になります。単純に時間とお金をかけただけの場当たり的な教育では意味はありません。自社の人財育成方針を明確にして、期待される人財像や個々人の役割が明確になる計画的で戦略的な人財育成を進めていくことが重要になります。

大賞の審査項目の中でも、「中長期的な人材育成の観点から社内教育制度を整備していますか」という設問を入れているように、会社の中長期ビジョンとリンクさせた、先を見据えたプログラムを用意すべきです。

東京都新宿区に、印刷を中心に、ロジスティックやシステム開発、ワークフロー構築などの総合グラフィックスサービスを行う水上印刷があります。

同社は、「日本一勉強する会社になろう」を合言葉に、社長をはじめ、全社員が社員教育に徹底的に取り組んでいます。その時間は、所定内労働時間の一〇％に相当する年二〇〇時間を費やしています。

その教育手法も単に外部研修等で学ばせているのではなく、お客様により良いサービスを提供するという目的を果たすため、二〇一六年に社内講師陣による社内教育システムというコンセプトのもと、双方向の教育機関「ＭＩＣ・ＡＣＡＤＥＭＹ」を開校しているのです。

この「ＭＩＣ・ＡＣＡＤＥＭＹ」の特徴は、講師を社員が務めることにあります。その講師も、誰でもよいというわけではなく、同社が指導できる知識・技術を有していると認めた選ばれた社員たちなのです。

その講師たちが教えるのは、印刷技術に関する講義も一部あるものの、その大半は、経営、ビジネス実務、人材開発、マーケティング、クリエイティブなど多岐にわたり、その講座数は一三〇を超えています。

この社員同士の双方向の教育によって、一人ひとりがプロとして、お客様の要求レベルや期待値を超える成果を出せるように、自分たちを磨き、成長していくのです。また自分の専門分野だけではなく、自社の他部門の業務内容、経営全般に関する知識も学ぶため、お客様の困りごとを解決するための最適な組み合わせを提案できる力が強化されていくのです。

失敗をマイナスに評価しないルール

教育が企業の成長を左右することは間違いありませんが、それと同様に重要になるのが評価です。社員教育がどんなにうまくいったとしても、評価を見誤れば、モチベーションを著しく低下させ、自身の持つ能力をフルに発揮しなくなるばかりか、最悪の場合には退社してしまうことさえあります。逆に、正しい評価が行われることで、モチベーションは高まり、仕事への誇りも生まれ、それが結果として、企業の成長へとつながることもあるのです。

しかしながら、現実を見ると、多くの企業の人財評価がまだまだ不十分と言わざるを得ません。社内に決まった評価基準はあるものの、それが十分に機能していないのです。それはなぜかといえば、評価項目があいまいで、評価者により解釈が異なってしまうからです。

評価には、当然、公平性・公明性が求められます。しかし、それぞれの社員が異なる仕事をしている中での評価となるため、どうしても同じ目線での評価が難しくなるということはあると思います。ましてや、人が人を評価するのですから、決まった評価基準があったとしても、評価者の査定ポイントや考えの相違によって乖離が生まれてしまうのです。ただ、評価で最も重要なことは、誰が評価したかでも、評価そのものではないのです。その評価を通じて、社員の頑張りを認め、報い、称えることで、より価値の高い社員になるための方向・方法を示すことにあるのです。

松山油脂の松山社長は、社員に対して、昨年と違うことをやろうと常に言っています。ただ、昨年と違うことをやれば、当然失敗する可能性が高くなります。そのため、昨年と違う新しいことをやることに関しての失敗は認め、奨励しているのです。さらに失敗してもマイナスに思わないようにしようというルールを決めているのです。

それは、昨年と違うことをやると考えることにより、新しいこと、誰もやっていないことに対して前向きになり、考える力、創造する力を養うことができその社員の成長・挑戦が会社の成長につながっていくに違いないと考えているからです。

自分たちで考え、教える

社員は、やりがいある仕事、モチベーション高くできる仕事を求めています。どんなに意欲の高い社員であっても、何の説明・目標もなく、毎日単純作業の繰り返しで、創造性のないルーティン作業を続けていれば、単純作業処理能力は向上するかもしれませんが、人財として育つことは難しいと思います。

社員は仕事を通じて成長していくものであり、本当に人材から人財に変えたいと強く思うのであれば、仕事の内容を年々難易度の高いものに挑戦させていき、苦労・失敗を重ねながら、自ら考え努力できる仕事を与えていく。社員がその仕事を創造できるようにすることが重要になります。

また仕事そのものも重要ですが、社員を育てるためのちょっとした工夫も必要となってきます。仕事が人を成長させると言いましたが、社員が悩み、壁にぶつかる時などは、上司や仲間が業務内はもちろん業務外でも勉強会を開いたり、悩みを聞き、答えではなくヒントを与えることで、解決の糸口を見つけることにつながります。

さらに、コミュニケーションだけではなく、学びの機会の提供も必要になります。機会と言っても難しく考えることはありません。例えば、日刊紙や業界紙、経営雑誌などを企業で購入し、好きな時に誰でも読めるようにしておいたり、特に重要な内容については、社内掲示板や社内Ｗｃｂサイトなど、全社員に共有できる方法で共有化することも重要です。

常に、どんなことに意識を持てばよいのか、どういった媒体からどういった情報が得られるのか。それを知る、気づかせるだけでも、初期段階においては十分な効果があると思います。

それが定着してきたら、企業内での育成・教育体系を整備・充実強化させていくことを考えていきます。具体的には、社内に育成のための組織または人財を配置し、体制を整えるとともに、企業内で育成のための経費を予算化し、実行していくことになります。

この時に重要なのは、可能な限り、外部機関に頼ることなく、自分たちの力で行うことです。自分たちで考え、教えることで、教わる側はもちろん成長しますが、教える側も教えるための準備や経験を通じて成長するからです。

5. 働き方改革と生産性向上

誰かに負担がかかる経営は崩壊する

働き方改革が進むことで、企業の残業時間が減り、また休みが増えることで、業績が悪くなると考えている人たちがいます。「働き方改革で社員の労働時間が減ったら、売上も減った」と嘆く人たちもいます。しかし、そこには大きな勘違いがあります。

そもそも残業をしないと、休日出勤をしないと、売上・利益が達成できないという状況は異常なことであり、そのような経営目標・経営計画を立てたことに、もともと無理があったということです。

誰かの犠牲の上に成り立つ経営、誰かに負荷がかかる経営は、いずれ崩壊を招くことになります。低い目標を立てろとは言いませんが、ゆっくり着実に成長・目標達成をする計画を立てること。急がば回れを意識することが求められています。

これまで、勤勉で残業も休日出勤も厭わず、働くことが、日本人の美徳であると思われてきました。また、自身の業務が終わっても、周りがまだ終わっていないので、帰らず、仕事をするということが一体感を高めると思われていました。

確かに、それが機能していた時代があったことは事実かもしれませんが、自身の業務が終わったのに、仕事をし続けているのは、残業のための残業でしかないのです。

残業というのは、始業前・終業後の決められている労働時間以外に働く、定時を超えて働くことを意味しています。会社には所定労働時間という契約で定められた労働時間があって、そこには始業時間から終業時間まで（休憩時間を除く）の時間が記載されています。本来は、その時間内で業務を終わらせる、会社としての勤務時間が示されているのです。

にも関わらず、我々は何の疑問も持たずに残業を続けてきました。では、所定労働時間が決められているのに、なぜ、それを超えてまで業務をしてきたのでしょうか。

当然、顧客が困っているから対応せざるを得ないという顧客満足を考えた上での対応であったことは否めませんが、本来は所定時間内でその日にやるべきことをやりきることが、通常の働き方であるはずです。

それができていないのは、自身のキャパシティを超えた業務を行っているか、または自身の業務の仕方に問題があるのではないかと思います。

業務の標準化、ダブルアサインメント、マルチタスク

働き方改革が思うように進んでいない要因の一つが、人と仕事の関係です。日本では、どちらかといえば、仕事に人をつけるというよりも人に仕事をつける方法がとられてきました。

人に仕事をつけてしまうと、どうしても、自分はその仕事だけを任されているから、他部門が困っていても関係ない。自分がこの仕事を任されているのだから、他の人が勝手に入ってくるなといった気持ちが生まれてしまいます。それゆえ、その人が病気などで、しばらく欠勤することにでもなれば、最悪の場合、業務が止まってしまう危険性がありま す。

さらに、人に仕事をつけることで、能力のある社員に業務が集中してしまい、その社員への負荷がかかり、結果として残業時間が増え、疲弊してしまうという悪循環も発生してしまうのです。

その回避のためには、各業務を細分化・標準化し、誰もが代わりにその業務をできるようにしておく必要があります。仮にすべての業務をその人と同じようにできないにしても、細分化された業務を繰り返し行っていくことで、その業務に関して慣れて、効率が上がっていくからです。

業務の標準化と合わせ、ダブルアサインメントとマルチタスクの推進も働き方改革には有効になります。

ダブルアサインメントとは、ある一つの業務に、通常は一人を割り当てればいいところを、あえて二人を割り当てる「二人担当制」という働き方です。これにより、担当者のどちらかが急な休みを取っていたとしても、お客様に迷惑を掛けるリスクは低くなります。

ただ、この仕組みを導入するだけでは、人件費の増加などの問題が生じるだけで終わってしまいます。そのため、その問題解決のため、あわせて導入するのが、一人で複数の業務を担当する「マルチタスク」という働き方です。「営業もやる製造」「製造もする営業」「マーケティングができる研究開発」といった人財になってもらうということです。自分の強みだけで力を発揮するスペシャリスト人財ではなく、自社全体を見通せる力が必要になってきます。

全体を一気通貫で経験して、一人三役といった部門・業務の枠を超えたマルチタスク人財を育てる。部門を超えて、お互い関わり合いを持ちながら、企業としての総合力を高めることが求められているのです。

杉乃井ホテル、休業によるモチベーション向上

では、本当に残業をなくしたり、休みが増えることで、売上や利益は減るのでしょうか。ここで宿泊業をケースにとって見てみることにします。

宿泊業と言えば、休日が少なく営業時間が長い代表的な業界と思われています。事実、少し前の調査結果にはなりますが、二〇一〇年に厚生労働省が旅館業に対して「仕事と生活の調和アンケート調査」を実施しています。

その中で「仕事と生活の調和」推進の障害と考えられる理由という設問に対し、「お客様との関係で労働時間が不規則になりがち」（七四・四％）、「季節等時期的な繁閑差が大きい」（六六・七％）、「営業時間が長い」（五九・〇％）、「夜間や休日の勤務が発生しやすい」（五一・三％）が五〇％を超えていました。

さらに「働き方の課題」という設問に対しては、「年次有給休暇の取得率が低い」（四三・六％）、「子育てと両立できるような就業時間の設定が難しい」（三五・九％）、「残業など労働時間が長い」（三〇・八％）などが上位となっていました。

当然、お客様の都合に応じて、業務が発生する業務内容であるため、労働時間や休日が不規則になるのは致し方ないと言わざるを得ない面もあります。しかし、ここ数年で、その業界常識の改革に挑む旅館・ホテルも出始めてきているのです。

大分県別府市の杉乃井ホテルは、二〇二〇年も正月明けの一月一四日～二三日まで全館休業、約一〇〇〇人の社員を一斉休暇としました。この取り組みはすでに三年連続で行われています。

この取り組みについて、支配人は「この業務形態をこのままにしていいのか。働いている本人はよくても、家族はどうだろうか」「顧客満足度にひたすらこだわってきたが、社員満足度にも力を注がないといけない。社員の連休拡大は避けては通れなかった」「企業が有給休暇取得を推進する時勢も受け、拡大に踏み切った」と話しています。

この取り組みにより、当然、売上は数億円の減収になるといいますが、それをはるかに上回る価値も生まれています。まずは、社員のモチベーションの向上です。いくら好んで働いているとはいえ、やはり自分がある程度満たされていない中で、それをやり続けるのはいつか限界が来ます。

今回のように、自分たちが大事にされているとわかれば、その満たされた気持ちがモチベーションとなり、それが自然と接客サービスにつながっていくのです。

次に、採用活動への効果です。どうしても過酷な労働状況のイメージが強く、なかなか応募者が集まらない中で、この取り組みを始めたところ、これまで地元の九州が中心だった新卒採用応募者が、関東や北海道など全国に広がり、面接では多くの応募者から一〇連休の話も出ると言い、実際に、新卒採用の応募者数は前年の一・五倍になりました。

時短で売上が増えた佰食屋

休みを増やす、残業を減らしたことで効果があった事例はほかにもあります。京都にある国産牛ステーキ丼専門店で、一日一〇〇食限定で、一〇〇食売り切れた時点で営業終了となるため、わかりやすくそれを店名としています。「佰食屋（ひゃくしょくや）」という飲食店があります。

宿泊業同様、休みを増やし、営業時間を減らせば、売上・利益が減ると考えられている業界にあって、驚くべきは、一一時～一四時三〇分とわずか三時間半の営業時間のみで売り切り、夜の営業は一切していないという点です。

代表の中村朱美氏は、お客様がどんなに求めていても、また一〇〇食以上つくることができても、絶対にそれをしないと言います。そこには二つの思いがあるからです。

一つ目は、「食の安全がささやかれる時代に、安心、安全で美味しいものを皆様に提供したい。そんな思いを形にしたのが佰食屋。新鮮なものを食べてほしいから、当店には冷凍庫がありません。毎日一〇〇人分の食材を仕入れ、一〇〇人に提供する。そうすることで、新鮮で作りたての美味しい料理を提供することができる」という食に込める思いです。

二つ目は、「飲食店は勤務時間が長く、土日は休めず、最低限のスタッフで店を回しています。だから、お客様が増えれば増えるほど社員は大変になります。それなのに給料が増えるわけではない。どんなに頑張っても対価を得にくい。こんな三重苦を自分の会社の社員には強いたくない」という社員への思いが込められています。

一日の販売数を決めて「早く売り切ることができたら早く帰れる」という無理なく働ける仕組みを考えついたことで、仕込みや掃除を含めても、例えば朝九時から始まり、遅くても一七時台には退勤できるようになり、家族の時間、プライベートな時間を持てる働き方ができるようになったのです。

こんなスタイルで経営は成り立つのかと思ってしまいますが、今では三店舗を経営し、それぞれの店には全国各地から多くのお客様が行列を作る人気店になっているのです。

ローコストを考えるなら正社員化すべき

多くの企業が、人件費削減を目的として契約社員やパート・アルバイトを活用しています。お客様や発注企業に、できるだけ安い価格で商品・部品を提供することに挑戦し、その実現のためにローコスト化に取り組みます。

しかし、ある程度、この手法を進めていく中で、その限界を思い知ることになるのです。結局、人間をコスト・雇用の調整弁としてしか見ない雇用形態では、人は自分が大切にされているとは思わない。したがって、心底、頑張ろうとは思わないのです。

アルバイトをどれだけ使い切って、ローコストにしていくかと考えると、そう扱われている人たちには、会社に対する忠誠心・愛社精神など発生するはずがないのです。

忠誠心がないということは、以心伝心の意思疎通もなければ、「もっとこうしたら、私たちも会社もよくなる」という発想をまったくすることもなく、時間が来たら帰り支度を始めてしまうのです。

そんな気持ちのアルバイトが、お客様に対して、どういったプラスαのサービスができるかということになると、そもそも、期待すること自体に無理が出てくるのです。

ローコストを考えるのであれば、原則、正社員化するべきです。そんなことをしたら、人件費がますます上がってしまうと不安になる方も多いと思いますが、正社員にすることからくるモチベーションの高さは、その不安を払拭するに十分な効果があるのです。

自分たちが会社から期待されている、戦力として見てもらえているという思いから、自発的に彼らが動き、結果として、計算できない価値を生み出すとともに、ローコストにつながっていくのです。

コストを下げるために、アルバイトを多用するというのは、結局、時間で帰ってしまうため、そこに空きができてまたそこに人を入れなくてはならず、つまらないところにものすごく時間と労力がかかることになるのです。

社員全員を正社員として採用し、社員を大切に扱ってはじめて社員の自発性が期待できるのです。そして、この社員の自発性こそが企業の「社員力」を生み出し、さらには企業のローコスト化につながっていくのです。

3章

ポストコロナ時代を味方にする
DXとマーケティング

水沼啓幸

1. DXはポストコロナ時代にこそ活きる

全国一律のオペレーションは過去のものとなる

新型コロナウイルスの根本的な終息が見通せない現在、将来を予測することは難しくなっています。現在進行形であらゆる企業が影響を受け、事業を行う上での前提も大きく変わり、事業モデルの転換を図っています。本章で取り上げるデジタル化やマーケティングの前提もまた大きく変わる局面に差し掛かっています。

特にほとんどの業種や業態でこれからは、デジタルトランスフォーメーション（以下、DX）への取り組みが求められていくでしょう。

ではDXとは、具体的にはどんな状態や考え方を指すのでしょうか。二〇一八年に経済産業省が発表した「DX推進ガイドライン」では、以下の通りの定義を行っています。

「企業がビジネス環境の激しい変化に対応し、データとデジタル技術を活用して、顧客や社会のニーズをもとに、製品やサービス、ビジネスモデルを変革するとともに、業務そのものや、組織、プロセス、企業文化・風土を変革し、競争上の優位性を確立すること」

言い換えれば「これまでの事業をデジタル化することで、企業が新たな価値を創造しやすくなり、その結果、独自性や優位性が得られる」と言うことです。

このガイドラインが発表された当時では想像もしていなかったような環境変化が起こり、DXは将来的に取り組めばいいものではなく、ポストコロナの社会において、最優先で対応すべき取り組みへと変わりました。

これまでは都市に企業や人口が集中し、人が密集した環境で事業を展開してきました。そしてグローバルなサプライチェーンなど、これまでの価値の前提となっていた要素は、ポストコロナにおいては大きく変化し企業は変化対応を求められています。

安全・安心を求める心理から、都市部一辺倒の価値観から地方が相対的に価値を増し、全国一律での取り組みは難しくなるでしょう。その代わり、企業活動においても地域での関係性を活かし、オンラインとリアルを融合したような、独自の取り組みはより実行しやすくなります。

全国一律の効率やコストに主眼を置いたオペレーションは過去のものとなり、独自の地域の取り組みや中小企業にスポットライトが当てられるようになってきています。

個人の生活も一変し、あらゆる業界でオンライン化・デジタル化の波が押し寄せています。今後は空間的な余裕や、生活に対しての心理的安全が重要な価値観になっていくでし

マーケティングにおける価値変容

都市 →	地方
集約 →	分散
効率 →	安全・安心
密閉 →	ソーシャル・ディスタンシング
大規模 →	中・小規模
グローバル →	ローカル
全国一律 →	地域独自

ょう。

会社に毎日出勤する必要性がなくなれば、住む場所は首都圏にこだわる必要がなくなります。オフィスに全社員が出勤すること自体がリスクとなれば、重要な打合せなどにのみ出勤すれば良くなります。

テレワークの進展により都内の企業に所属しつつ、離れた地域で生活するといった就業形態がスタンダードになっていくでしょう。

さらに、世界観の変容に伴って消費者や企業が必要とする商品やサービスもこれまでとは変化していきます。すでに地域においては、教育、食、レジャーなど消費者の行動変容を満たすべく、小さな市場が数多く出現し始めています。

これは小さな市場に対応することが得意な

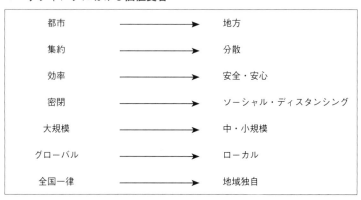

中小企業にとっては大きなチャンスになります。今後は、企業はこの変化を前提として事業活動に取り組む必要があります。そのため、デジタル化を含めたDXや新商品、サービス開発などは積極的に行われていくでしょう。

ポストコロナでの「業種・業態変化」一覧

ポストコロナに対応できるビジネスモデルを構築するにあたり、そのベースとして必要不可欠となるのが、デジタルの利活用です。会議や教育なども、ルーティーンな内容であれば、デジタルに置き換わっていくでしょう。

次ページの表では、業種や分野ごとに業態がどのように変化し、どのような効果が期待されるかを示しています。

教育はオンライン化し、リアルな教室は一定期間の学びの集約化や研究成果のすり合わせなど、創造的活動を果たす場所に変化します。飲食はデリバリー形態が一般的になり、リアルなサービス提供が必要な美容室や接客業は、衛生基準や健康状態を提供者側、顧客側ともに確認した上で、成り立つようになるでしょう。

その結果、リアルな店舗でのサービス提供は、これまでのような効率は追求できなくなり、高価格化・プレミアム化して付加価値を増す必要が出るでしょう。一方で、直販や宅

	業態変化	内容
教育	オンライン化、デジタル化	オンライン教育が普及して、対面の教育と組み合わせて行われるようになる。知識の習得はオンライン、課題解決や創造性を発揮する教育は対面となり対面での講義はより価値が上がる。
飲食	テイクアウト・デリバリー、サービス業化	テイクアウトやデリバリーのニーズが高まる。来店型は個室、高付加価値化し感動の演出などサービス業化していく。
小売店	デリバリー・営業時間変更	ソーシャルディスタンシングが日常になるとこれまでのビジネスモデルは変える必要がある。入店制限や営業時間の変更なども必要になる。長期的には顧客の高齢化の進展もあり来店型と宅配の組み合わせが主流となる。
卸売業	ダイレクトモデル	倉庫から直販するビジネスモデルに変化する。EC等で小売機能までを一貫して担う。
サービス業	衛生基準厳守、個室	ガイドライン等に沿った衛生基準を満たしていることが求められ原則個室でのサービス提供になる。コストが増えるため高価格化する。
観光業	衛生基準厳守、非接触	ガイドライン等に沿った衛生基準を満たしていることが求められ原則個室でのサービス提供になる。非接触のサービスが基本になる。観光地でテレワークで仕事をすることも可能になるので従来の観光とは変わった形態になる。
製造業	無人・自動化	製造現場においてもセキュリティー基準等に沿ってテレワークや遠隔製造が増えていく。その結果定型の工程や作業は無人化、自動化が進む。企画開発や技能の習得など付加価値の高い業務に取り組めるようになる。
物流業	自動化、AI化	自動運転技術の導入やAIによる自動仕分けなどが進む。無人化の流れが一層進む。しかし、物の流通は増加し小口化が進み新しい雇用の創造が見込まれる。
建設業	IoT、デジタル化	建設現場の建機等のIoT化が急速に進む。ドローンや遠隔操作の建機等で作業を進めるようになる。現場の職人もIotやデジタル化で重労働は機械に任せ、より高い技術の習得や創造的業務に取り組めるようになる。そのため職人の技術はより付加価値が上がる。

配のスタイルはさらに加速していくでしょう。

今後は、あらゆる業種業態のビジネスモデルでデジタルとリアルを組み合わせてのサービスが一般的になってきます。

ポストコロナでは消費者の行動変容により、デジタル化されたビジネスが急速にリアルのビジネスを取り込んでいくのです。

さらにサービス業に限らず、製造業や建設業など第二次産業でもデジタル化が一気に進み、工場の自動化やＡＩを活用した業務プロセスが主流になってきます。

この変化の中で生産性を向上させ、企業を成長させていくには市場の変化を読み解き、企業活動をフレキシブルに変化対応させていくことが重要です。その際、人を大切にする経営の基盤が会社に根付いているかが重要になってきます。

その環境適応や新市場創造のための活動が、本章で説明するマーケティング活動になってきます。ポストコロナにおいては、大企業も中小企業も同じ土俵に立っていると言えます。

そのため、小回りの利く地域の中小企業においてはこの価値観の変化は大きなチャンスでもあります。ただし、この変化に対応するには、商品・サービス開発、ビジネスモデル転換など、企業活動を根幹から見直すレベルの取り組みを行うことが必須となります。この点については第4章で詳しく述べることにします。

攻めと守りのＤＸ

多くの中小企業では「うちの会社は小さいからＤＸなんて……」「自社にデジタルに強い社員がいないから難しい」と考えてしまうのではないでしょうか。

ＤＸは規模の大小や業種業態を問わず取り入れられるものです。むしろ小さい会社こそ大きく会社を変えることができ、ＤＸの恩恵をより強く受けることができる機会に恵まれています。

ひと口にＤＸと言っても、二つに分けられます。一つ目は新規事業を創造する、新しい販路を確保するための攻めのＤＸです。

次に新しい事業者販路が円滑に行えるようにする社内体制の整備や社員が業務を行いやすくすることなどを狙った、守りのＤＸです。ＤＸ化は事業全体のデジタル化を図る取り組みですので、この双方を会社の成長段階に合わせて、バランスよく取り入れていくことが重要です。

例えば、製造業などモノづくりに関わる企業や、卸売業などある程度の規模や数量が大きいビジネスモデルでは、ＩｏＴやＡＩの活用で生産性向上や社員の働き方の改善につながるでしょう。また、小売業や飲食業などＢ２Ｃビジネスでは、ＥＣでの販売や販売促進に活用できる攻めのＤＸを実施することが多いでしょう。

しかし、今後は製造業など特に中小のＢ２Ｂビジネスにおいても、開発・販売機能を持ち、自社で販路を確保することが重要になります。また、小売業や飲食業では、昨今の来店型のビジネスモデルが成立しにくい情勢下においては、非対面型のビジネスに切り替えるためのＥＣなどのプラットフォームの整備に加えて、増大するバックエンド業務の効率化を図っていかなければ、ビジネスが成り立たなくなるでしょう。

しかし、ここで大きな課題が生まれます。これら攻めと守りのＤＸを自在に使いこなせるようになるには自社の「デジタル力」とでも言う、ノウハウやスキルを持続的に向上させていくことが必須となります。

そのためには、外部の専門家などに頼りきりではなく、自社にＤＸを実行していくための人財が育つ仕組みを構築していかなければなりません。それを成し遂げた時、まさに自社がＤＸによって生まれ変わることでしょう。

自社開発のシステムで全国に顧客を持つマコセエージェンシー

攻めと守りでバランスよくデジタル化を図っているのが鹿児島県鹿児島市にオリジナル

会葬礼状を手掛けるマコセエージェンシーです。

　同社は一日に約三〇〇〜四〇〇件の会葬礼状を全国に提供しています。おそらく一度は誰もが知らない間に、この会葬礼状を目にしているでしょう。顧客は全国の葬儀社で、会葬者へは各地の葬儀場が礼状を渡すので、同社の名前は表には出てきません。

　葬儀社から依頼を受けるとその葬儀社のスタッフとして、電話にて施主に取材を行い、原稿完成までは約一時間というスピードで製作されます。電話でのヒアリングから、ライティング、校正などそれぞれ違う担当者が分担して、一枚の会葬礼状を仕上げていきます。

　同社がオリジナル礼状の制作を始めた当時は、即納が前提、土日も対応しなければならないなど条件が厳しく、一般的な印刷会社やデザイナーでも依頼を受ければできる業務ですが、どの会社でもやりたがらない業務でした。そのため、葬儀社の作る礼状はフォーマットや文面が決まっていて、どの葬儀社でも一緒でした。

　同社は、この誰もがやりたがらない仕事を限りなくデジタル化し、効率と質を兼ね備えたサービスをつくり上げ、全国に広げていきました。

　この仕組みを発案したのは、同社創業者の五十嵐芳明前社長です。ある日、駅のごみ箱に捨てられる会葬礼状を見て五十嵐氏は憤りを感じました。しかし、同時にこうも考えました。「どの葬儀においても同じ礼状に問題があるのではないか」。そして、「故人に対して思いを寄せるような礼状があってもいいのではないか」。

そして、出来上がったのがオリジナル会葬礼状です。その内容は施主と故人の生前の思い出や記録をもとにつくられます。そのため、依頼した施主が感動して涙を流す内容に仕上がっていて、それぞれ地域の葬儀社を通じて届けられます。この礼状を読んで感激した施主から葬儀社に「会って担当者にお礼がしたい」という声がかかり、中には遠方から来社されることもしばしばです。

しかし、短時間でしかも全国からくるこれだけの件数の受注に、どのように対応しているか、これだけ聞くと誰もが疑問に思うことでしょう。

会葬礼状の短時間での制作を可能にしているのが、自社開発の進捗管理システムです。数時間で仕上げなければいけない工程を、すべてリアルタイムで管理しています。したがって、誰が電話に出ても、どの礼状がどこまで進捗しているかが把握でき、スムーズな顧客対応が可能になるのです。

すべては鹿児島本社のコールセンターにおいて、自社のシステム上で工程管理と施主との電話、そしてオンライン上で各地域の提携葬儀社とやり取りがなされます。

さらに現在、攻めのＤＸサービスとしてデジタル会葬礼状「ラストレター」を開発しました。これまではがきなどの紙面に印刷していた会葬礼状を、それぞれの葬儀にQRコードを発行し、スマートフォンで読み取れるようにし、会葬者に配信できるようにしました。新型コロナの影響で遠方から参列希望者が参列できない中、需要が急増しています。

遠隔でのサービス形態でありながら、圧倒的な感動サービスを体現している同社の取り組みは、中小企業におけるDXのあり方として非常に示唆的です。

また、マコセエージェンシーでは、高品質なサービスを実際に提供している社員に対しての、会社からのサポートも非常に充実しています。

本社の最上階にはおしゃれな食堂があります。同社のサービスはミスが許されず、かつ超短納期で休憩時間もゆっくり取ることが難しいため、短い時間でもリラックスしてもらえるよう、この食堂ではスタッフが輪番制で全員分の昼食を準備しています。

このようなアットホームな取り組みがベースにあって、感動サービスが提供されているのです。

2. 人が幸せに働くことを促進するシステム

テレワーク導入で生産性を飛躍的に高めたエス・エー・エス

ＤＸが進展すると、我々の働き方も大きく変わっていきます。テレワークや工場の自動化など遠い未来の話だと思っていた世界が、どの業界にも一気に訪れていきます。そのため、企業においては、こうした技術を導入しながら生産性を向上させることが、大きな課題になってきます。

テレワークにおける生産性向上について重要な点は、モチベーションをいかに維持し、社員との関係性を維持、構築していくかです。当然、オフィスに行くことも毎日ではなくなります。これまでのように、日々オフィスで社員を間近で見ながら管理することは難しくなります。

それに代わる経営幹部と社員、または社員同士の関係性を維持発展するために、例えば仕事の場とは別に雑談ができるスペースをオンラインに設定する、コミュニケーションをとりやすくする工夫を行うなど、業務だけのつながりにならないような工夫も必要です。

また、業務への貢献の尺度も、これまでの出社という行為を通じた「時間当たりいくら」という働き方から、業務ごとの進捗・達成度の測定に代わっていくでしょう。

東京都港区にある勤怠管理クラウドサービスの提供や金融・流通・クレジット業界向けのシステムインテグレーションを手掛けるエス・エー・エスはテレワークの導入により生

産性を飛躍的に高めた会社です。

ＩＴ業界は人の入れ替わりが激しく、いかに優秀な人材に長く働いてもらうかが業界としての課題になっています。青山秀一社長はこのＩＴ業界の課題となっている長時間労働や働き方を変え、福利厚生を充実させて人財の確保を図っています。そのため、転職的な離職が多いＩＴ業界で離職率は三％という状況です。

青山社長は「働き方をより良くすることは、社員のやる気や生産性の向上に寄与することになります。業績への好影響はもとより、社員の会社への信頼度が高まることで組織全体が活性化します。そして、働き方改革や福利厚生を充実させる活動を通して持続的な企業価値の向上につながっていきます」と言います。

同社では全社的にテレワークを導入するために２０１６年から3年かけて計画的に実践を行ってきました。導入していく過程では様々な課題に直面しましたが結果として既存業務の見直しを図り、業務手順、セキュリティー面、属人化の抑制など組織的な業務対応力を向上させることができました。

青山社長はテレワーク成功のポイントを四点挙げています。

①ルール、制度の整備としてガイドブックなどを整備

②ＩＴインフラ整備として自社開発のツールを始め、六つのＩＴツールを活用

③自社開発力を生かしてそれぞれのツールに便利な機能の追加
④円滑なコミュニケーションが取れるような工夫を盛り込む

同社では、自社の勤怠管理クラウドサービスのテレワークオプションやビジネス版ＬＩＮＥさらにオンライン会議などの様々なＩＴツールを組み合わせたテレワークに最適なセキュアな仕組みを構築しています。想定に反して生産性が向上したというから驚きです。

社員からは「残業が減り家族との食事の機会が増え、以前より会話が増えた」「周囲からのカットインが大きく減って業務に集中できるようになった」「オフィスでの打合せをオンライン会議に変更することで移動時間を他の生産性の高い業務に充てられた」などの声が寄せられています。

また、働き方や福利厚生を充実させることで、新卒採用の応募率のアップなど、会社のブランディングにつながっています。

同社では新型コロナウイルス感染拡大に伴う緊急事態宣言に合わせ、それまで許可制だったテレワークを本社常駐社員全員に適応させ完全在宅勤務としました。青山社長は「危機に迅速に対応し、業務品質を落とさずに維持できたことはこれまで取り組んできた成果だと実感しています」と述べています。

今後、働き方が多様化すればするほど、個人は能力開発を継続的に行っていくことが必要になります。そして、会社は能力向上に対する支援を行っていくことが求められます。テレワークはより個人の能力の差が浮き彫りになり、お客様からも会社というよりも社員が評価されるようになるため、一人ひとりの成長が会社の成長に直結するようになります。

働き方を会社としてどのように考えているのか、2章で述べたように、社員教育へ投資などの取り組み自体が、企業価値の向上に直結してくるようになります。つまり、モチベーションが高く、お客様に高い品質で対応できる企業には、顧客からの信頼や求職者の増加が見込まれます。

オンライン上では毎日打合せを行っていても、リアルなオフィスで会う機会が少なくなれば、リアルな関係性はこれまで以上に価値を持ちます。また働き方がＤＸ化していくと、ルーティーン業務や雑用などの業務はシステム等に任せ、より創造性の高い業務に集中することが可能になります。

工事現場管理にＤＸを活用するカンセイ工業

ＤＸは一部の業種だけに与えられた特権ではありません。どんな業種業態でも可能ですし、価値を生む現場の活動や企画、サービスなどの生産性向上など、あらゆる業務シーンでお客様への満足度を向上させ、顧客との関係性を強化することができるようになります。

建設業においてもDXによって現場の強みをより発揮し、顧客の業界の非常識を実践している会社があります。

埼玉県さいたま市にあるカンセイ工業は道路の区画線などの施工を手掛ける建設会社です。通常の建設会社では、同社が行っている仕事は専門的な仕事であり、専業で行っている会社は皆小さな会社です。

しかし、同社は他社がやらない、やりたがらないゼネコン下請け工事に特化して機動力を高めてきました。

同社の迅速な対応が評判を呼び、紹介で顧客が年々増加したことで、現在では営業エリアは関東全域までをカバーしています。例えばコンビニなどの白線施工の依頼は、一件数万円という小口の受注も多いと言います。そのため、最大で一日五〇件もの現場をこなしていきます。小口工事がこれだけあると大変だと誰もが思います。

しかし、同社ではそれらの工事をすべて断らずに引き受けています。その理由は、創業者である関田稔顧問が「いただいたご依頼は断らない」をモットーに経営してきたことによります。

工期もほとんどが一日で終わるため、現場から現場に効率的に移動を行わなければなりません。そのような多忙を極める現場管理を可能にしているのが、工程管理システムを活用した効率的な現場展開と移動時間の管理です。

誰がどの工事を何時までに終わらせるのかが、すべてシステムで可視化できるようになっています。社員にはスマートフォンを支給し、システムからの情報取得と状況の更新を行えるようになっています。

時間のロスや仕事のムラが大きく改善

また、移動時間を減らし効率的な業務遂行を支える配車も、システム化されています。通常、物流会社などの配車は、勘を頼りに熟練した担当者が対応するケースがほとんどです。しかし同社では、このシステムによって配車係は可視化されたデータからリアルタイムで配車を行えるので、勘に頼ることはありません。

また各現場担当者をチャットツールでつなぎ、クレームなどの情報のやり取りもリアルタイムで行っています。そのため、時間のロスや現場に負担がかかることがありません。

導入当初は会社全体の業務内容が共有できるため、一部の社員から「なんであの人は楽な現場なんだ」「自分の現場は大変だ」と不平不満もあったと言います。しかし、このシステムを活用していくうちに、誰が何人でどの現場でどんな施工をするのかが全員で共有できるようになり、大変な現場から他の班に応援要請を行い、施工が早く完了した班が駆け付けるようになったと言います。

今後はさらにAIを活用してデジタル化を加速させ、次世代バージョンに移行する予定です。ヒト（組織・資格・勤怠・給与）・モノ（資材・在庫・車両）・カネ（見積り・売上・資金）の管理を一貫して行うシステムで、特に人に関してはこれまで蓄積したデータをAIの技術を活用して、社員の就労に公平性（労働基準法に基づいて）を図ることが可能になっています。

そのため、時間のロスや現場に負担がかかることがありません。

このシステム投資も、社員が働く時間や移動時間を短縮させるためという判断軸からです。建設業において働き方改革は難しいと言われている中、二〇二五年には時間外労働ゼロ、有給取得率一〇〇%を目指しています。

本来、人がやるべき業務に時間や労力を投入することができる。これがDXのあるべき姿です。したがってDXは人を減らす、コストを削減するための手段という考え方は間違いです。

DXは、より人が人として幸せに働き、生活していくことを促進するための取り組みです。より人間らしい活動に重きを置けるため、顧客がしてほしいことに現場で対応することでサービスの質が増し、その結果顧客からの支持もより得られるようになるのです。

多品種・単品・超短納期を実現したＨＩＬＬＴＯＰ

今後、ＤＸは多くの業種業態で取り入れられることになるでしょう。ポストコロナにおいては、日本の中核的産業である製造業においてもＤＸへの取組は一層加速していきます。

ＤＸにより既存業務の省力化が図られ付加価値の高い業務に取組時間が増えれば、技術習得、研究開発など、より創造性の高い業務に人員や予算を投入できるようになってきます。

しかし、業務の効率化が図れる半面、取引先との共同研究や技術開発などへの取り組み比重が大きくなっていくため、社員の対応力やコミュニケーションスキルの向上が顧客満足度に直結するようになってきます。創造性の高い業務を行うためには、社員の能力向上への取り組みや働き方を変えることで、今まで以上にモチベーションを高めた状態にしておかなければいけません。

もともと、中小企業の製造業では、取引量が確保できる大ロットの製品を受注したがります。そのため、その分野はライバルも多く、価格競争の激化による価格破壊が進んでいます。

「毎年のコストダウン要請に応えないと、次の受注は打ち切り」など、現場の声を無視したような取引が日常のように行われているのです。さらに、昨今の開発競争の激化により、より品質とスピードが製造現場では求められるようになり、特に試作開発型の企業においてはプログラマーの人材不足が課題となっています。

そんな中、ＤＸにより、多品種・単品・超短納期で受注高を伸ばしている会社があります。京都府宇治市にある精密部品加工業のＨＩＬＬＴＯＰ（ヒルトップ）です。

同社は、製品一点から製造依頼を受け、新規受注で五日、リピート受注で三日という超短納期で設計、製造を行う会社です。

他社が求める量産品や大量生産品には目もくれず、あえて難易度の高い試作品や、数が少なく短納期で他社が受注できない分野に特化してきました。

受注の八割が一、二個というのですから驚きです。他ではあまりやらない仕事を扱っており、付加価値の高い製品提供が実現可能となっております。その結果、同社の収益性は同業者と比べても格段に高いです。その高い技術力とスピードが評価され、今では米国の有名娯楽産業からも発注が来ています。

そして、同社の超短納期製造プロセスを支えているのが「ＨＩＬＬＴＯＰ Ｓｙｓｔｅｍ」という製造工程管理システムです。

製造現場における職人は経験や勘を頼りに加工を行っていたため、同じ製品なのに加工条件が人によって異なります。その職人の熟練した技術をデータ化、可視化して技術の再現性を高めています。

機械などの工数の決定など、プログラミングでは通常八〇〇項目以上を入力しないといけないところを、このシステムであれば二五項目で済むというシステムで「この製品をつくるときは、標準化された刃物の削る順番、位置、回転数で加工する」ように共有・マニュアル化したものです。

これによりプログラムにかかる時間は一〇分の一で短納期かつ一定の品質を実現できました。

このシステムの構築にはデータの標準化、条件出し、検証にかなりの時間を要することになり約三〇年以上前から現在に至るまで常にブラッシュアップし続けています。

これにより、知識や経験のない社員でも簡単にモノづくりができ、標準化の仕組みを技術の習得など人材育成に活かしています。

同社の製造現場においてプログラマーはプログラムを作成し、機械に材料をセット、その後、工場は無人化工場で機械は二四時間動き続けます。

そのため、移動先からでも製造工程について現在の状況を確認することができます。人はその分クリエイティブな業務に力を入れることが可能になり、企画、研究開発など付加価値の高い業務に専念することができるのです。

現在プログラミングのＡＩ化に着手し、約二三％はＡＩがプログラムを組んでいます。今後はプログラミングのＡＩ化に加え、ネット上で見積り作成などすべての業務をオンライン上で完結できるようにシステム構築を進めているところです。

山本昌作副社長は「将来は、このシステムを活用すれば他社と連携して、人材・技術不足で使用していない設備や閑散期で稼働が下がっている設備を有効活用することも可能になる」と言います。

ここで重要なのは、生産性向上だけを目的にこのシステムを開発していないということです。山本副社長は下請け時代の経験から、「儲かるよりも楽しく仕事をする」という基準でシステム投資を行ってきました。「ＨＩＬＬＴＯＰ Ｓｙｓｔｅｍ」は人が人らしく知的作業を行うことを可能にするために構築した仕組みです。現場のスタッフがモチベーションを上げて働ける工場を念頭に置いて取り組んだ結果が、同社の圧倒的な付加価値の向上につながっているのです。

3. デジタルで多くのお客様と深い関係を構築する

デジタル先進国・中国で感じた関係性づくりの大切さ

今ではキャッシュレスの最先進国となった中国では、Alipay・Wechat Payの大手2社による決済インフラが隅々まで行き渡り、日常生活に関するあらゆるサービスがデジタル化され、すべてがつながるという、リアルとデジタルの垣根を超えた発展を遂げています。

イメージしやすい飲食店での注文・決済は言うに及ばず、自販機の利用、日用品の買い物〜宅配、個人間のお金のやり取りから、果ては自動車の購入に至るまで、金額の大小を問わずすべての決済がキャッシュレスで完結する世界が広がっています。

また、欧米諸国の中ではGAFA（Google・Amazon・Facebook・Appleの4大ITプラットフォーマー）のお膝元となるアメリカの取り組みが特筆されます。

特にオンライン書店から始まり、直接消費者向けの販売事業を柱とするAmazonは先進的な取り組みを多く行っており、すでに普及しているところでは、Ａｍａｚｏｎに登録した情報でそのまま他のＥＣプラットフォーム上での支払いが可能となる「Ａｍａｚｏｎｐａｙ」、リアル店舗ながらＡＩによる画像認識等を活用して精算すら不要とした完全無人店舗の「Ａｍａｚｏｎ Ｇｏ」など、実験的ながらも今後のデジタル化の行く末を示唆するような取り組みを多く行っています。

日本国内ではアメリカや中国のような巨大プラットフォーマーが不在であり、これらのプラットフォーマーが続々と進出を強めています。これらデジタル時代の「黒船」が引き起こす「創造的破壊」に対応するべく、今から中小企業も対応策を練っておく必要があります。

二〇一九年二月に、人を大切にする経営学会では坂本光司会長をはじめ会員の研究者、経営者約三〇名で視察団を編成し、「中国上海デジタル革命最前線」をテーマに、現地を視察訪問してきました。

実際にアリババの体験型の高級スーパー「フーマー」や宅配の「ウーラマ」などを体感しました。スマートフォン一つですべてが完結してしまう生活体験により、ＤＸ化した世界をよく理解することができました。

キャッシュレス化九五％以上の上海は、ＤＸにおける、まさに実験都市と言えるでしょう。すべてのデータがビッグデータで紐づけされており、一人ひとりの移動や購買行動がすべてオンラインで認知されています。自分の購買傾向や嗜好がデータ解析され、購買時にリアルタイムでクーポンなどが送られてきます。

個人情報の活用やプライバシーの問題についての議論はありますが、日本においても電子マネーは徐々に浸透し、後追いでデジタル化が進んでいます。

なお、中国のＤＸを体験した大きな収穫として、今後ＤＸが進めば進むほど、人を大切にする経営はますます必要とされる、という確信を得たことが挙げられます。

当初、デジタル化は中小企業を飲み込み、親切丁寧なサービスや小さな店舗や中小企業を駆逐してしまうのではないかと考えていました。しかし、答えはその逆でした。デジタル化により、煩わしい入力や現金管理はオンライン上で行えるようになります。

そのため、人はより付加価値の高い相手の心をくすぐるような感動、感激サービス提供に力を入れることができるようになるのです。

デジタル化が進めば進むほど、店舗を運営する側は自分の本当の強みに特化できます。それは飲食店であれば、おいしい料理の作りこみや来店客への感動サービスです。

視察の途中に「ウーラマ」を利用してランチを頼みました。その際に、お弁当と一緒にメモが添えてあり、「ありがとうございます。良い会議になることを祈っています」と中国語で書かれていたのです。

これには驚きました。宅配サービスでは対面で会うことができないがゆえにメッセージを添えるなど、非対面での関係性をつくることに意識が向いてくるのです。

そのため、お客様のためにという利他の精神を持った人材の育成はデジタル化が進めば進むほど、より重要になります。

２章で述べたように、人の教育・育成は、人を大切にする経営を実践する企業が日ごろから力を入れている強みにあたります。そのため、正しい経営を行っている企業は、日ごろ取り組んでいることをオンライン上で実践すればよいと考えれば、ＤＸ化は大きなチャンスとなるのです。

相手の気持ちに寄り添うオペレーター

企業活動がデジタルに移行すればするほど、会社は社員や顧客との関係性構築に意識を向けないといけません。特に顧客に対しては、ＳＮＳや遠隔での営業など取り組むべき活動は多岐にわたります。

これまで、顧客との関係構築に有効な手段としてマーケティングは、社内の経営層と一部の部門だけで対応していればよいという考えが主流でした。しかしマーケティング活動は、広報や営業担当者だけが関わっていれば完結する活動ではなくなりました。

後に詳しく述べますが、社員の採用や育成、経営者の姿勢や一見客からの電話対応まで企業活動のすべてがマーケティング活動と言える時代になっているのです。したがって、当然マーケティング戦略は全社員で共有する必要があります。

自分の担当領域だけを決めて、営業だけしていればよいといった旧来型の働き方では、お客様の心を動かせるような商品やサービスは提供できません。

常に変化する市場、すなわちお客様を意識した行動が社員には求められるのです。変化に対応するために社員は一人二役も三役もこなす必要が出てきます。したがって、社員の成長を促す仕組みを有する会社でなければなりません。

マーケティングにおいて社員満足と顧客満足はワンセットです。社長がいかに良いマーケティング戦略を立てても、社員がマーケティングの意味を理解して現場でお客様に対応できなければ、結果として想定とは違う結果が出てきてしまうからです。

したがって、2章でも述べたように、社員教育や、働きやすい職場にしていく取り組みが重要になってきます。

また、会社のあり方を見直していくその一方で、商品・サービスの受け手となるお客様との関係性を構築していくことも、同様に重視していかなければなりません。DXによって物理的な距離のハンデがなくなり、地域の価値が相対的に向上していくことはすでに述べました。

このお客様との関係性構築という課題に向き合う際に、地域企業にとって一層有利になるポイントがあります。それは、地域に根付いてビジネスを長く続けてきた企業はすでに高品質の商品・サービスを提供しており、その品質に対しての信頼がもたらす関係性の深いお客様を、長年かけて育ててきているということです。

先に紹介したマコセエージェンシーでは、葬儀社から依頼を受けたご遺族に、鹿児島のコールセンターから五分～一〇分のヒアリングを行い、会葬礼状を制作していきます。この時、相手は大切な人を失い深い悲しみに暮れていて、感情的になり怒り出す人もいるそうです。

そのため、事務的な通常のコールセンターのような対応では、故人への思い出など、会葬礼状に必要なエピソードを聞き出すことが難しくなります。会葬礼状を制作する上でオペレーターは、短い時間で顔の見えないご遺族と信頼関係を構築する必要があるのです。

以前、会社を訪問しコールセンターを拝見した際。スタッフの、顔の見えないご遺族に対するやり取りから、「いかに相手を思いやるか」、「相手の気持ちに寄り添うか」という気持ちが伝わってきました。

そのため、突然の大切な人との別れについてヒアリングしているうちに、泣き出してしまうオペレーターや、亡くされた方の分もこれからの人生を前向きに生きようとする人を励ますオペレーターなど、その姿はサービスの域を超えていると言ってもよいものでした。同社のスタッフは「ご遺族からのありがとうという言葉がうれしい」と言います。

このような気持ちでご遺族に向き合うことができる社員を育成するのは、一朝一夕にはいきません。

同社では社員教育としてグリーフサポートと呼ばれる死別された方の悲しみや感情を受け止め共感していく研修を行っています。また毎月「品質勉強会」と呼ばれる勉強会を行うなど、オペレータースタッフの支援にも力を入れて、信頼関係づくりを行っています。

これからは単なる商品・サービスではなく、心がつながるような感動サービスを提供できる会社がデジタルを活用することにより、より多くのお客様と結ばれ、新たな関係性を構築することができるようになるでしょう。

全国チェーンのスーパーよりも安心できる「まるおか」

デジタル化により利便性が確実に高まる一方、デジタル頼みの事業展開だけではサービスが均質化していき、差別化が困難になることは間違いありません。ですから、デジタルでの商取引が増えれば増えるほど、リアルでの商品・サービス提供がより高い価値を持つことになるでしょう。

人は、本当はリアルで関わり合いを持ち続けたい。その気持ちは、ポストコロナでも変わることはありません。高いレベルでリアルでの接客やサービス提供ができる会社は、ＤＸが進むことで一層強みを活かせます。

特に地域において人を大切にする経営を実践してきた企業は、その点では一歩先んじていると言えるでしょう。

群馬県高崎市にある奇跡のスーパーと呼ばれる「まるおか」は、お客様が本当においしいと思うものだけを取り扱うお店です。「日曜定休日」「チラシは打たない」「ＮＢ（ナショナルブランド）は扱わない」と普通のスーパーとは真逆の取り組みを行っているお店です。

同社では新型コロナの影響を受け、むしろ来店客は増加しました。「全国チェーンのスーパーよりも安心できる」、「信頼できるから」と言ってくれます。ＥＣでの購買が増えているにも関わらず、地域の信頼される店舗の価値が上がっている証拠です。

飲食店においても安全、安心の環境を提供してくれる地域の店舗では、ポストコロナにおいては早々に顧客は戻ってくるでしょう。また、来店することに対しての希少性が上がっていくことからも、高付加価値化が進み、より感動サービスが求められるようになるでしょう。

お客様に満足していただけるサービスを提供できる社員を育て、増やしていくことにはかなりの時間がかかりますが、サービスマンシップが旺盛な社員が多い会社は、そのサービスをDX化するだけで独自性が打ち出せます。

感動サービスを提供することができる社員の多寡が、企業の盛衰をますます分ける時代になってきます。こうして見ていくと、DX化により、リアルのビジネスにおいて、顧客は、より本物を求めるようになってきます。

ポストコロナにおいては、顧客にとって価値の高い商品やサービスを提供できるか否かが、生き残ることができる企業とそうでない企業を分かつ分水嶺になっていく、と言えるでしょう。

4. DXで進化するマーケティングの現場

「お客様の潜在ニーズ」を探ることが重要

では、ＤＸに対応したマーケティングとはどのような活動を行っていくか、具体的に見ていきましょう。たとえ企業を取り巻く環境が変わっても、マーケティングの本質は変わりません。一つひとつの活動を粘り強く行っていくことが重要です。ここでは、中小企業がどのようにマーケティングに取り組めばよいかについて述べていきます。

中小企業が初めてマーケティングに取り組む際には、以下の三つのステップを経ることが必要です。

中小企業において、「他で断られた」「やってくれない」という依頼が来たら、なぜ業界ではやれていないのか、やる会社がないのかと、業界の常識を疑うことが大切です。

カンセイ工業、マコセエージェンシー、ＨＩＬＬＴＯＰの事例からは、「他社があまりやりたがらない」「何かの理由でやれない」「力を入れていない」分野において、業界への疑いからビジネスがスタートしたことがよくわかります。

次に、自社の商品やサービスがその対象市場で活用することが可能かどうか、を検証します。つまりビジネスとして成立するかどうかを踏まえて、さらにお客様のニーズを探っていきます。

この際、「お客様の潜在ニーズ」を探ることが重要です。どのお客様も現在使っている

①市場とお客様を知る
（市場分析、競合分析、外部・内部分析）

↓

②商品・サービスを企画開発、または改善、
カスタマイズする

↓

③どのようにお客様と関係性を構築し
購入してもらうか

商品やサービスに不平や不満があります。この不平や不満を解消するための活動に取り組むことが、マーケティング活動と言えます。

そのため、お客様がある程度特定できるのであれば、意見を聞きながら市場調査を進めていくことも可能です。商品やサービスづくりに参画していれば、その商品やサービスが発売されれば最初のお客様になると同時にＰＲにも協力してくれるでしょう。

分析の結果として、市場が小さすぎてビジネスとして成立しないという場合には、ＥＣでの販売を視野に入れるなど、対象エリアや商圏を広げる工夫をする、異なった業種にもカスタマイズして販売するなどの対策を検討し、自社が活動するに足りる顧客数を確保できるボリュームにしていきましょう。

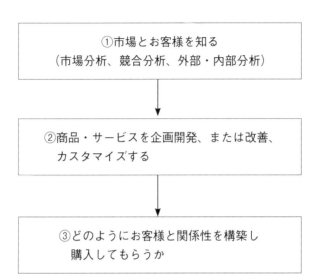

顧客ターゲットを設定する

新商品・サービスを創造できたなら、それをどんな人に提供するかを具体的に設定する必要があります。その商品・サービスが万人共通の普遍的価値を持っていれば特定ターゲットは決めず、すべての人に提供したいというのも一つです。しかし、多くの場合は、顧客ターゲットを明確化する必要があります。それは、すべての層を網羅しようとすることによって、戦略・戦力が分散されてしまうためです。

では、ターゲット選定で考える時、何を項目とすればよいのでしょうか。それは、エリア・年齢・性別・年収など様々あります。

自社がこれから展開するエリアに、ターゲットとする年齢・性別・年収の条件に当てはまる人が、どれだけいるのか。もし、そのターゲットが少ないのであれば、どこのエリアであれば条件に合うのかを見ていく必要があります。

「二〇～三〇代の働く女性の方向け」「四〇～五〇代の運動不足の男性の方向け」などといった言葉を聞いたことがあると思いますが、まさにこれがそれにあたるものです。

自社の商品・サービスをどんなターゲットに提供することで、どんな価値を提供できるのか。それを設定することで、ムダのない戦略をとることが可能となるのです。

どこにどんなターゲットがいるかを調べる際に活用できるのが、国や各都道府県が提供している統計調査です。例えば、総務省が五年に一度、国内を対象に行っている国勢調査があります。その中では、国内の人口や世帯の家族構成、年齢、職業などが調べられていて、それを利活用することで、性別・年齢別の人口数はもちろん昼夜間人口などを把握することができるのです。

そのデータを収集し、分析することで、自社が求めるターゲットがいるエリア、自社がターゲットとすべき顧客層をおおよそ導き出すことができるのです。

既存製品の改良を続け、新製品開発も定期的に

多くの中小企業では一度開発した商品は、同じ内容で販売し続けることが多いです。しかし、既存の商品・サービスについても、出しっぱなしではなく都度改善、改良を行い、市場やお客様に合わせて、変えるべき部分は変えていくことが大切です。

老舗企業や業績が高い企業を見ていくと、売れ続けている人気製品でも、その人気に満足することなく、長年にわたりブラッシュアップを続け、他社が真似できない品質やアイテムに育てているケースも多く見られます。

老舗のお菓子屋さんでは、誰もが知っている看板商品を時代に合わせてレシピを変えているという話は有名です。

付加価値を上げていくには、既存製品をブラッシュアップして単価を上げる、バリエーションをつけて売上を上げていく、などが最も効果的です。

また、当然、新商品開発も両立てで、定期的に行っていくことが重要になります。企業の広報価値を上げていくことで付加価値を向上させるには、新商品・サービス開発が効果的です。

一方、思い切った新商品・サービスを開発するには、既存商品が安定して収益を上げていることが前提となります。つまり、既存商品と新商品をバランスよく育てていくことが、ポイントとなります。

お客様との接点をつくり、関係性を構築するマーケティングの４Ｐ

これまで述べてきた通り、マーケティングが売上向上の単なるテクニックではなく、全社を挙げて取り組む活動だということが、おわかりいただけたと思います。

マーケティングの実践は、変化しつづける市場に対して様々な活動や取り組みを全社的に展開するものです。特に現在の大きく変化している市場において、その必要性は高まる一方です。

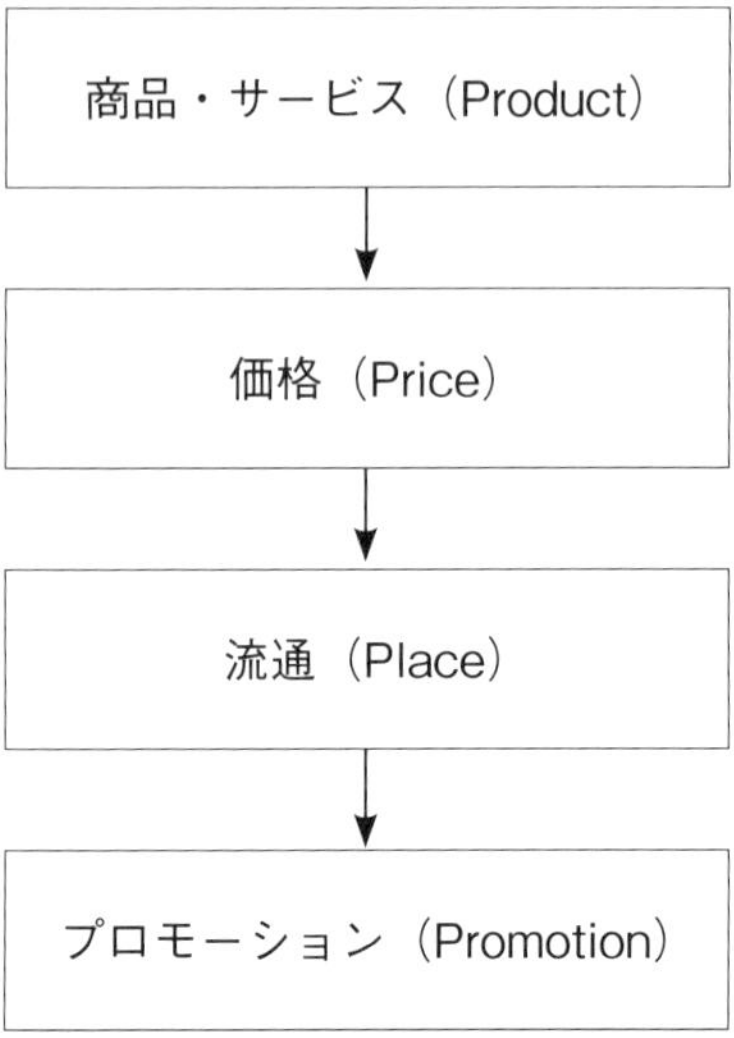

そして、マーケティングの実践において最も重要になるのが、「4P」と呼ばれる要素を組み合わせお客様との接点をつくり、関係性を構築していく活動です。この活動はマーケティングミックスと呼ばれ、以下の四つの要素をどう構成するかが重要になってきます。

①商品・サービス（Product）

最初に商品・サービスが挙げられます。変化する市場においては、継続的に改善や開発を繰り返して対応していく必要があります。

かつては品質や性能が重視されていました。しかし、近年では継続的に利用してもらうサブスクリプションや定期購入など、商品・サービス単体ではなく、提供形態を変え

た複合的な内容が増えています。中小企業においては、これまで売っていた商品やサービスを見つめ直し変えていくことも考え、実行していく必要があります。

②価格（Price）

価格をどう決めるかは、マーケティングだけではなく企業の存続に関わってくる非常に重要な意思決定です。中小企業のマーケティングにおいては、自社が提供する商品・サービスにおける価格決定権をいかに確立するかがカギになります。

多くの中小企業が陥る低収益、財務基盤の脆弱さは、価格設定の間違いに起因しています。長期的には社員の給与を毎年上げていけるような売上及び利益を想定して、価格を決定することがポイントです。

他社より高い・安い等という理由で価格を決める時代は終わりました。自社の商品・サービスに愛着を持ってもらいつつ、社員を幸せにできる適切な価格を付けられるかが、企業の盛衰に関わってきます。

ただし、こちらの希望する価格で取引するには、お客様がそれに相応する価値を感じてもらわなくてはなりません。だからこそマーケティング活動を行って、お客様に価値を提供できる商品やサービスをつくる必要があるのです。

③流通（Place）

かつては立地や売場、販売チャネルのことを指しました。しかし、今ではWeb上にECサイトを構築し、簡単に自社の商品を販売することができるようになりました。さらに、一気に市場環境が変化し、販売や流通は非接触、非対面、オンライン、直販が主流になりつつあります。

かつてのように良い立地や見栄えの良い店舗が必要な時代は終わりました。むしろ地域、小さな会社にチャンスが到来しています。

飲食店はデリバリーやテイクアウトに業態を変え、デリバリー事業者が新しく市場を創造しています。小さな店舗がSNSでの口コミや、コミュニティを介する紹介などで取引を広げることが可能な環境になっています。

本当に必要とされる商品やサービスは消費者に直接届けられる時代がやってきました。販売に多額の投資が必要とされない分、本来の商品開発やサービス企画に、中小企業はもっと資金を投入できる環境になったのです。

④プロモーション（Promotion）

流通の変化とともにプロモーションも大きく変わってきています。ユーチューブに遠隔相談、ＳＮＳ等のデジタルメディアをうまく活用して自社のコミュニティを構築し継続的に情報発信していくことがメインの活動となります。

また、新聞、業界誌などに取り上げてもらう広報もより重要になってきます。中小企業でも、メディアに取り上げられることで企業価値が向上し、採用や販売につながるケースが増えています。そのため、担当者を置いて積極的に取り組むことが、結果としての売上向上につながっていきます。

近年はお客様や取引先との関係性構築のために、経営計画発表会や事業概要説明会などを開催する企業も増えています。さくら住宅では毎年株主総会を開催し株主や取引先を招いて一年間の活動と今年度の事業概要を発表しています。

マコセエージェンシーでは全国の葬儀社に対してセミナーを開催して自社で蓄積してきた情報やノウハウを提供しています。お客様や取引先と自社のノウハウや取り組みを共有化し参加者同士の交流の「場」を自ら設定することで関係性はより強固になり、自社の活動が業界や地域で行いやすくなります。

これら四つの活動を通して、どのようにお客様との接点をつくり、関係を築いていくかが、マーケティングミックスと呼ばれるマーケティング活動における中核的な取り組みです。

デジタルとリアルをつなぐSNS活用

デジタルとリアル双方の重要性はすでに述べた通りですが、双方をつなぐツールとして、有効に活用できるのがSNSです。現在の日本では四大SNSと呼ばれるFacebook、Twitter、Instagram、LINEの四つのプラットフォームの他、YoutubeやTikTokなど、動画メディアのビジネス活用が盛んになされています。

一口にSNSと言っても、それぞれにユーザー層や利用シーン、SNS上を流れる情報の性質などに違いがあります。ただ、実際に届けることができる情報の種類は、テキストや画像、動画などが中心で、いずれのプラットフォームでも大きな差はありません。

ですから、企業としての活用を行う際の選択のポイントとしては、それぞれのプラットフォームの特性を把握した上で、自社のユーザー及び見込み客の利用が多いものを選択し、そのターゲット層に合わせた切り口で情報を発信することです。

使用するプラットフォームを絞り切れない場合もあると思いますが、初めてビジネスに利用する場合は、欲張らずに自社の想定ユーザーを最もカバーできるSNSを選び、まず情報発信し、運用に慣れることからスタートすることをお勧めします。

複数のＳＮＳを使う場合も、まったく同じ情報を流すのではなく、各ＳＮＳにおける想定ユーザーに応じて情報の出し分けや情報発信の切り口を変えるなど、調整を細かく行うことが重要です。

直販とＳＮＳで伸びる「ふらここ」の革新

東京都中央区に、「ふらここ」という日本人形の製造・販売の会社があります。

イノベーションがほとんどなかったひな人形や五月人形などの日本人形の製造・販売という業界で、ＳＮＳなどを駆使したマーケティングを行い、お母さんたちの心をくすぐり、価格競争に陥らない需要を自ら創造している会社です。ふらここのマーケティングに対する取り組みは、多くの中小企業の模範になりうる事例です。

原英洋社長は、もともとひな人形をつくる老舗の後継者でした。業界自体がどんどん縮小していく中、先行きに不安を持ち、いろいろなリサーチを行った結果、そもそも、ひな人形や五月人形を買っていない人たちが数多くいることを突き止めます。

そして、買わない理由を調べていくと、「大きな七段飾りのひな人形などは買っても飾るところがない」など、お客様に様々な事情があることがわかりました。

その一方で、「お金は、ある程度かけてもいいから、人形を買ってあげたい」という声も多く挙がりました。こうして「マーケットをきちんと分析し、その結果に合った商品を開発すれば売れるのではないか」と原社長は考えます。消費者視点での商品開発に舵を切ったのです。

しかし、古い業界であるがゆえに、一筋縄ではいきませんでした。まず反対したのが職人たちです。例えば、マーケットリサーチによって、ふっくらとした丸顔の人形のほうがお母さんたちは喜ぶとわかったとしても、彫りが深い顔をいかにうまくつくるかが職人の力量とされ、「マーケットリサーチに合わせた人形づくりは、自分たちの技術レベルを落とす」などと言って協力を拒みました。

原社長は、こうした古い体質に嫌気が差しましたが、老舗でそれを改革することの難しさもよく知っていたため、実家を出て、自分で創業することにしたのです。

若い職人の中には、原社長の考えに共感する人もおり、そうした若い職人たちを点でつないでいき、自分たちで何とか商品をつくれるネットワークを組み立て、本当に小ロットから製造・販売を始めます。

そして、一般的な流通を通すと利幅がきちんと取れず、利幅が取れないから職人たちや事務職や営業の社員にも十分な給料を払えない。だから、みんな辞めていくのだと考えました。そこで、きちんと利益がとれる形として「直販モデル」だということに気づき、インターネット通販のみで販売することを決めます。

マーケットから求められている人形でしたので、つくったものは確実に売れ、次第に、短期間で商品全部が売り切れてしまうほどの人気となりました。

職人の数が、商品である人形の生産数に比例するため、一気に売上を拡大することはできませんが、着実に右肩上がりの成長を続けています。

同社の事例は、まさに、縮小する市場において潜在需要をとらえて市場を創造したことが成功につながったことが読み取れます。

また、「ふらここ」には圧倒的な強みがあります。それは、ほとんどの社員が若い女性社員である点です。商品のターゲット層と同じ層の人たちがマーケティングの調査・分析をしているからこそ、消費者の気持ちが手にとるようにわかるのでしょう。

若い女性社員たちが考えた販促方法の一つが、写真を自由に投稿して共有できるＳＮＳ「Instagram」の活用です。子供が生まれて間もないママ友たちのネットワークで話題になれば、ひな人形や五月人形の購入につながりますから、非常に理にかなった販促です。

そのために、「インスタグラムのための撮影可」というショールームもつくりました。

その一方で、写真が情報の軸となるInstagramの特性をフルに活かすため、「ふらここ」自らがインスタグラムやフェイスブックにアップする写真は全部、プロのカメラマンが撮影した人形の写真です。だから写真のクオリティーが非常に高く、ターゲット層がより反応しやすくなっています。これもブランディング戦略であり、マーケティングの一環なのです。

5. 時間と手間暇をかけ、オンラインを活用

有効供給されていない市場が数多く出現

ＤＸが進むとともに、「もの」から「こと」へ、と言われるように経済のソフト化やサービス化がますます進みます。さらにポストコロナでは「もの」から「心」に変わっていくでしょう。そのため、消費者心理を読むことは、マーケティング活動なしでは、ますます難しくなってきます。

「市場は、いつも正しい。顕在化しているか、潜在化しているかはともかく、有効需要はいつの時代も存在しているからである。問題は供給側にあるのである。つまり景気を左右するのは『有効供給の有無』なのである。不況は有効需要の不足ではなく、有効供給の不

足によってもたらされるのである」（坂本光司著『人を大切にする経営学講義』より）

これまでマーケティングはいかに見えている需要があるか、いかに数多く売るかといった視点から、アプローチを考えることが一般的でした。これがマーケティング＝売上増加のための施策と考えられるひとつの理由です。

しかし、ポストコロナ時代に向かう市場においては、消費者の生活様式が一気に変わり、有効供給がなされていない市場が数多く出現しているのです。

来店して購入するニーズは減少し、逆に自宅まで届けるサービスへのニーズは増えています。つまり、どの業界でも市場のニーズに対応した商品やサービスを提供できていない状況になったのです。

しかし、大企業はその変化の激しさから、需要に対して対応できていません。よって、中小企業こそ小回りが利く特性を活かし、この環境変化に対応した新しくお客様が欲しがっている商品やサービスを提供する使命と役割が求められています。

つまり、市場創造に必要な視点は、まさに今、「需要ではなく有効供給」ということです。マーケティング活動の根幹は、お客様がのどから手が出るほど欲しい商品やサービスを提供することにあります。

しかし、いまだにどのような業種、業界においても、企業側が激変するマーケットに対して、業界の慣習やこれまでの当たり前を前提に硬直化した商品・サービスづくりを行っています。変化する生活環境の中で、お客様が「本当に欲しい」ものやサービスを企業側が提供できていないのです。

今お客様にできることをやる「さくら住宅」

一章でご紹介した「さくら住宅」の二宮社長も、新たな市場を創造し続ける一人です。リフォーム市場は、参入する事業者も多く、差別化が難しいマーケットに見えます。

しかしお客様からすると、変化する環境の中でリフォームを依頼するということは、これまで以上に勇気のいることです。「本当に信頼できるリフォーム業者はどこなのだろう」という疑問に、正面から応える業者はあるようでありませんでした。

住宅業界の常識としては、単価や仕様が決まっている一戸建ての注文住宅や建売り住宅を売るのが中心で、リフォームはあくまで補助的なサービスに過ぎなかったことが、その理由の一因として挙げられるでしょう。

創業以来、二宮社長は特別に頼まれた以外、基本的に新築は受けずにリフォームに特化しています。まったくもって業界の逆張りですが、シニア層のお客様には絶対にニーズがあるはずだと考え、徹底してお客様に寄り添って信頼関係を築き、口コミで認知度を上げていきました。

業界の常識や企業の論理ではなく、お客様の視点からの発想です。二人で住んでいるシニア層のお客様は、新築は求めておらず、現在住んでいる住宅をバリアフリーにしたり、トイレなどの必要箇所に手すりをつけたりするリフォームこそが必要でした。

現在ではＳＮＳも活用されていますが、当初は口コミによる徹底した地域密着のマーケティング活動を行ったのです。

リフォーム市場は、まだまだ潜在ニーズが多いマーケットであり、さくら住宅が提案するリフォームサービスはまさに「有効供給で市場を創造した」ということが言えます。

新型コロナの影響下では、これまでのような営業活動はできません。しかし、そのような中、地域の既存顧客を訪ねてインターフォン越しに状況確認のために訪問し、一軒につき二枚のマスクをポストに投函しています。

直接対面するのは避け、あくまでインターフォンであいさつとお客様の状況をお聞きするために行っています。まさに、今お客様にできることをやろうという、利他の精神が表されている活動です。

この事例からは、サービス提供側にも潜在需要を探し出すお客様側の目線が重要だということが見て取れます。また、提供側の意識の問題で、有効供給がなされていなかった分野を専門として積極的に行うことで、このような状況下においても快進撃を続けることが決して不可能ではないことがわかります。

マーケティング活動のゴールは「売るための活動」をなくすことにあります。つまりこちらから売りに営業に行く活動をマーケティングとは言いません。お客様に、数ある企業の中から自社を見つけてもらい、買ってもらえるような仕組みをつくることです。

どこにでもあるような、差別化要因のない商品やサービスでは、価格競争に陥ります。お客様は感動する、いい体験をした場合には誰かに必ず言いたくなります。今の時代はそのようなブログや書き込みは、口コミとしてSNSやネットで拡散します。

自社の商品やサービスを提供した際に、この口コミが生まれるような取り組みをいかに行うかが、とても重要です。

独自化した商品やサービスを持つ会社を見ていくと、それまでの業界の当たり前に不満を感じているお客様に受け入れられていることが多いです。さくら住宅でも自宅をリフォームした既存のお客様が「ほかの会社とは違う」と知り合いに紹介してくれています。

お客様がファンになり、営業マンの代わりをしてくれているのです。そのお客様がお客様を紹介する連鎖が地域に広がり取引がさらに広がっていくのです。

「まるおか」には口コミで遠方からお客様が来店する

先に取り上げたスーパー「まるおか」では、こうした取り組みを地で行っている企業のひとつです。通常はスーパーなどの小売業態では、チラシや広告で売る方にばかり気が向いてしまいます。しかし、それは他のお店と同じ商品を扱っているからです。

扱う商品についてはこだわりがあり、「売れるから仕入れるではなく、いいものだから仕入れる」考え方です。折り込み広告代がかかりませんので、その分人件費や最終的に残る利益が当然増えます。

まるおかで扱う約五〇〇〇点の商品の多くは、丸岡守社長自らメーカーや生産者を訪ねて商品に対する考え方や品質を確かめています。中には断られ続けて取引できるまで五年も要したという商品もあります。

「いいもの、お客様が欲しがる商品は、時間がかかるが必ず売れるようになる」と丸岡社長は言います。

遠方から、二時間かけて来店するお客様も数多くいらっしゃいます。そのようなお客様からは「もっとお店を増やしてください」「近所にもあればいいのに」という声がかけられますが、扱える商品の量に限りがあるためそれはできません。

しかし、だからと言って生産性が低いかというと、そうではありません。まるおかの利益率や購買単価は平均のスーパーを大きく上回っています。まさに、規模は小さいながらにとても付加価値が高いお店なのです。毎日来店できないお客様は必ず近所のスーパーよりも多めに商品を買って帰ります。

さらに、毎日昼になると隣の大規模ショッピングモールのスタッフがお弁当を買いに来るというのです。なぜ小さな近隣の競合店にわざわざ買いに来るのかと聞くと「安全でおいしいから」との答え。消費者心理の本質がここに見えます。まさに一切広告をしていないにも関わらず、お客様がお客様を呼んでくるのです。

この事例からは業界の常識を疑い、時間をかけてお客様との信頼を築くことで規模に関わらず生産性が向上することが分かります。そして、その取り組みは規模や立地に関わらず、どのような業種業態でも可能なことを示しています。

泥臭いデジタル業務の繰り返しが大切

マーケティングミックスを行って取り組み内容を決定したら、あとは実践あるのみです。定期的なブログの更新、メルマガの発信など、ここからは「泥臭い」業務の繰り返しです。当初の予定や計画と違う結果が現れたら、取り組み内容を改善、修正しながら次に向けての教訓を抽出していきます。

ＷＥＢ上でのマーケティング施策であれば、ほとんどの数字を可視化できるので、実践から改善、再挑戦にかかるサイクルの構築が効率的に行えます。この実行と検証のプロセスがマーケティングではとても大切です。

多くの中小企業では販促活動を行ってもやりっぱなしになってしまい、効果や改善点を検証しないで終わってしまうことが多いです。しかし、マーケティング活動は長期的かつ継続的な取り組みが重要になります。そのため、振り返りを定期的に行い、改善のサイクルを実践し続けていくことが重要になってきます。

繰り返しになりますが、多くの経営者はマーケティングを、理論やテクニックだと考えています。そのため、売上高を上げるため、即効性のある手法として活用しようと考えるケースが多いのですが、マーケティングの本質はそこにはありません。中小企業のマーケティングの基本は、「地道にコツコツと続ける」ことです。

具体的には、ブログを毎日書き続けられるか、ＳＮＳを毎日更新し続けられるか、定期的にお客様の声を集め続けられるか、商品開発でも新商品を出し続けられるかなど、これらのマーケティング活動を休まずに続けることが何よりも重要です。

しかし、残念ながら多くの中小企業はスタートの時点で時間や人材の制約から、やり方は学んでも取り組まない、効果が出ないとすぐに止めてしまう会社がほとんどです。逆に、他がなかなかできないからこそ、業種を問わず、きちんとこうした活動に取り組むことで、長期的に、経営に大きな成果を得ることができるのです。

中小企業は市場に出せる商品・サービスのボリュームでは大企業にはかないません。したがって、顧客との信頼関係をベースに長い時間をかけて市場を創造していくことがマーケティングにおいても基本になると思います。

長期的視点を心掛けていると、お客様からの信頼も年を追うごとに高まってきます。デジタル化が進めば進むほど、消費者や顧客は企業の対応や商品やサービスをネット上で評価します。また対面でのサービスで顔の見える関係性を築くことができないために、よりこまめな顧客対応が必要になってきます。

したがって、お客様からの信頼はデジタル化が進めば進むほどより重要になってきます。地域企業であれば、地域に対する貢献など、信頼の積み重ねが次の事業展開や顧客を創造するベースになってきます。

信頼を積み重ねていくには企画提案、アイディア、おもてなし、社員の対応力などの積み重ねの方が顧客満足度には大きな影響を与えます。

これからはこういうお客様に買って欲しい、こういう会社とビジネス展開したいという要望にネットを通じて出会える環境にあります。その結果、日々の信頼を積み上げている企業に評価が向けられるようになっていきます。

ポストコロナで明確になること

先ほども述べたように、ポストコロナにおいては消費者の行動様式が変わり、地域においては新しいニッチ、小さなマーケットが数多く出現することになります。そのため、中小企業はより地域性、文化を背景にした特色のある商品開発やサービスを取り入れていくことが大企業との差別化においても重要です。

二代、三代と続く企業であれば業歴も長く、これまでの取り組みに自社を特徴づける何かがあるはずです。

大企業は上場していれば株主の意向を最も強く受けて経営していく必要があるため短期的な視点から計画を立てねばなりません。しかし、中小企業は二年や三年で経営者が変わるわけではありません。一度経営者になれば二〇年〜三〇年は経営していくことになります。そのため、長期展望でマーケティング活動を考えていくことが強みとなります。

時間軸を長く持ち、ＰＲや情報発信をしていくと、徐々に地域での認知度や業界での取り組みが評価されてきます。そして、その評価が企業価値向上につながり、生産性の向上にも寄与していくのです。

マーケティングの目的は顧客の創造にあり、その本質は「お客様を喜ばせること、幸せにすること」です。これはポストコロナの時代においても何ら変わりません。あり方は変わらずそのやり方だけが変わるのです。そのためにはお客様に親身になってサービス提供する社員がやはり基盤になってきます。

DXによって人がより価値のある創造的仕事に向き合えた時、モチベーションは上がります。

リアルとオンラインを融合するサービスは今後価値を増していきます。この分野こそ中小企業が得意とする領域です。お客様に寄り添い、一緒に新しい価値を創造していくことで時間をかけて結果としての業績は向上していきます。社員全員で取り組み、大切なものを大切にし、五人の幸せのために活動することがマーケティング活動だ、ということがより明確になる時代に突入したのです。

4章

商品・サービス創りとビジネスモデル再構築

坂本洋介

1. 地域マーケットを創造する

でんかのヤマグチのお客様に密着するサービス

ＩＴ技術の発展もあって、現在では日本国内はもとより全世界の人たちに、ダイレクトに商品・サービスを提供できる環境が整っています。しかし、いきなり全世界に展開をすることなど、よほどのことがない限り、難しいと思います。

そこで、まず自社の商品・サービスを展開していく上での入口となるのが、自社が存在している場所・エリアでマーケットを確立することです。例えば、小売業などは多店舗展開をすれば話は別ですが、単店で一度出店してしまうと、そこを起点として・商品・サービスを提供していくことになります。

その時に、真っ先にお客様になってもらわなければいけないのは、その地域に住んでいる住民の方たちです。その方たちが一度きりではなく、リピーターとなって何度も来てくれるような商品・サービスを提供して、地域から評価されることが、マーケットをつくる始まりになるのです。

東京都町田市に、家庭用電化製品などの販売を行うヤマグチ（でんかのヤマグチ）があります。

同社は一九六五年の創業以来、まちの電器屋さんとして営業を続けていました。しかし、同社が立地する町田市は、東京のベッドタウンとなり、人口が増え始めたこともあり、大手家電量販店が次々と進出し、厳しい競争に巻き込まれることになったのです。

価格面では当然勝負できない同社が取り組んだのが、町田市に住むすべての人々をターゲットにするのではなく、顧客を絞り込んで、リピーター・ファンとなってもらえるよう、とことんお客様に密着するサービスです。

同社では、顧客リストを見直し、それまでの顧客数を三分の一に削減させ、家電の「買い物弱者」とされる地域の高齢者を主なターゲットに変えたのです。

そして、その方たちのために使える時間を増やし、家電販売以外の家の留守番や電球一つからの訪問交換、買い物に行く際の足代わりの送迎といった、困った時にすぐにトンデきてくれる、かゆいところに手が届く「御用聞き的家事サービス」を行うことで、「遠くの親戚より近くのヤマグチ」といわれるまでの信頼関係を構築していったのです。

さらに御用聞きサービスにかける時間を確保するために、サービス・商品を提供した際に、その場で支払いを済まさず、後日代金を支払う「掛け売り」を一切やめる決断をしました。それは、掛け売りに対応することによって、結果的に自社の資金も回らなくなるからです。

これまでの回収に時間を掛けたり、回収が遅れて悩むのを止め、その時間を御用聞きサービスのための時間にあてたのです。このサービスによって生まれたお客様との信頼関係により、これまであった掛け売りがなくなり、すべてを現金ビジネスへと移行させたのです。

その結果、同社の販売価格は大手家電量販店よりも高いにも関わらず、価格以上の価値を知っている、体感しているお客様が次々に製品を購入するようになったのです。なお、余談ですが、筆者も何度か同社を訪問していますが、町田駅からタクシーで移動する際、同社の名前を告げるだけで場所がわかるほど、地域で知られた存在になっているのです。

ただ、同社は単に御用聞きサービスだけを行っているのではなく、その他にも、毎週土日に「男爵まつり」「カツオ祭り」といった何かしらの店舗イベントをすでに何十年にわたり開催し、来店をしてもらう仕組みづくりを行っています。

さらに、お客様の情報をデータ化し、家族構成、購入履歴、家にある家電情報、趣味などを全社員で共有しています。このようなことがされているからこそ、お客様に密着するサービスが可能になっているのです。

口コミの連鎖がファンをつくる

地域で一定の評価が確立できたならば、次に考えなければいけないのは、地域住民以外のお客様にいかに知ってもらうかということです。

現在は、Webサイトはじめ SNSなどの様々な販促ツールがありますが、それ以前に基本となるのは、人から人への口コミによるファン拡大だと思います。

確かに、初めて利用する商品・サービスの判断基準として、SNS上に書き込まれたレビューやランキングを参考にすることはもちろんあります。また、その評価人数が多ければ多いほど信頼が高いということにつながると思います。

ただ、当然、自分のよく知らない他人の評価であり、自分の趣味・志向を知っているわけではない人の声なので、参考程度になっても、購買を決定づける絶対情報としては弱いはずです。

そんな時に、唯一の絶対情報となりうるのが、家族・友人・知人などからの口コミによる情報提供です。人は誰しも、自分が良いと感じた、感動した商品・サービス・体験というものについて、独り占めするよりも、より多くの仲間に知ってほしい。同じ体験をしてほしいと思うはずです。

自分をよく知る人が、口コミで教えてくれる情報よりも、確度の高い情報はないはずです。また、その情報は、誰かに言いたくて仕方がないレベルのものだという証明でもあると思います。この口コミの連鎖がファンをつくり、自然とマーケットが拡大していくのです。

ちなみに、「日本でいちばん大切にしたい会社」大賞の審査項目の中でも、「顧客の七〇%以上は口コミあるいは紹介客、もしくはリピーター客ですか」を確認しています。

「顧客密着型」――さくら住宅、コープみやざき

地域の方々に、いかにファンになってもらうかですが、マーケットを創造する方法としては「顧客密着型」「新商品開発型」「オペレーショナル・エクセレンス型」の三つが考えられます。

一つ目の顧客密着型とは、文字通り、お客様にとことん密着し、お客様が喉が渇く前に飲み物を渡してあげる。背中がかゆくなる前に背中をかいてあげるといった、大企業には難しい、中小企業だからこそできる小回りの利いた対応のことです。

この具体例としては、神奈川県横浜市で新築・増改築・建築工事・建築企画設計を行う「さくら住宅」が取り組む、「アフターフォロー」という概念が薄い業界にあって、リフォームした家を定期的に、不具合がないかを聞いて回るなど、他社が嫌がる小工事を手間ひま惜しまず、迅速に対応することで、地元住民が困った時に、何でも頼める『住まいのかかりつけ医』となる」が、それにあたります。

同社の二宮社長は、もともと大手住宅メーカーに勤務していましたが、そこでの光景に疑問・不信感を抱き続けていました。

ある日、家を買って間もないお客様からクレームが入り、急いで駆けつけると、新築の壁のクロスが剥がれていました。お客様は当然、直してくれと主張します。そのことを会社に戻り、上司に報告すると、返ってきた言葉は「売ったあとまで面倒みる必要はない、いちいち相手にするな」というものでした。「お客様との信頼関係など、誰も気にしていない」「何棟売ったら勝ち。この業界は何なんだろうと思いました」。

この思いで事業を進めていった結果、同社本社がある横浜市栄区の桂台地区では、約四〇〇〇世帯が生活していますが、その内の五軒に一軒は何かしらのリフォームを手掛けた世帯となっています。また同社がどんな小工事でも引き受けてくれるという信頼感から、そのリピート率は九五%に上り、地域のお客様の生涯顧客化につながっていきました。

もう一社、宮崎県宮崎市で生鮮品、食品、雑貨・衣料品等を中心に、店舗事業と共同購入事業等を行う生活協同組合コープみやざきが取り組む、「組合員が欲しいと思う商品を購入する購買対応機能を果たし続けることで、宮崎県民にとって、日々の生活になくてはならない『私のお店・私の共同購入・私の生協』になる」も同様です。

同組合では、一般小売業が商品を「売る」ことが目的なのに対して、「組合員が求める商品を購入する」ことを目的として、「販売業」ではなく「購買対応業」として、年間八万件以上届く組合員の声が、血液のように組織を流れ、事業経営や商品の開発・改善に生かしています。

店舗での具体例でいえば、調理済みで売られている野菜天串を「家で揚げたいので原料のまま五本欲しい」という要望に対し、一〇本入一袋で売っているものを五本で販売する。また「巻き寿司一〇個入りは食べきれない。減らせないか」という要望にも、詰め替えて五個入りで販売しています。

さらに、こうした組合員の声を、特殊事例として受け取るのではなく、他にも同じように考える組合員がいるのではと考え、五個入りの品揃えを増やす。すなわち、組合員からの声を聴いて、職員が良かれと思ったことは「まずやってみる」ということが徹底されているのです。

その結果、組合員からの評価も高く、二〇一九年三月末現在、組合員は二五万三四五〇人、県内世帯加入率は五三・五％となっています。ちなみに、各県毎の生活協同組合の評価が表れる世帯加入率は、同じ九州地区の「佐賀」二〇・〇%、「熊本」二〇・一%、「大分」三四・二%、「鹿児島」四三・一%、さらに「沖縄」の四一・〇%と比べても極めて高くなっているのです。

「新商品開発型」――ふくや、萩原工業

二つ目は、新商品開発型です。お客様を飽きさせることなく、常に新しい商品・サービスを提供し続けて、鮮度を提供することで、いつ来ても違うものがある。また来たくなるという仕掛けがある対応のことです。

ただ、新商品開発といっても、すべてをゼロからつくり上げる必要はなく、すでに他社によりつくられているもので、お客様が不満に思っていることを解消するなどの改善も、これにあたります。

この具体例としては、福岡県福岡市で味の明太子の製造・販売、各種食料品の卸・小売を行う「ふくや」が取り組む、「創業者が幼少期に、韓国でよく食べていた『メンタイ』の味を忘れることができず、第二次大戦後の原料・調味料などがそろわない状況の中、試行錯誤を繰り返しながら、日本人の口に合う明太子を日本で初めてつくり上げ販売をした。これにより、生で〝たらこ〟を食べる習慣がなかった日本で、明太子を食卓の定番の惣菜として定着させるとともに、その製法を特許を取らず公開して全国に明太子市場をつくり上げる」が、それにあたります。

同社では、「明太子は高級珍味ではなく、家庭の惣菜。惣菜ならば、その製法を独占すべきでない」と、その製造方法を公開しました。特許や商標登録していれば、その利益を一人占めでき、大きな利益を上げていたはずですが、「いろいろな味があっていい。美味しいものが次々に出てくることは決して悪いことではない。うちの明太子が美味しければ、必ずうちの明太子を買ってくれるはず」と、明太子を一人でも多くの人に届けることを優先し、結果として、明太子という新商品と明太子市場をつくりあげることに成功しました。

もう一社、岡山県倉敷市で「フラットヤーン」を用いた関連製品、およびフラットヤーン技術を応用したスリッター等、産業機械の製造・販売を行う「萩原工業」が取り組む、「同社創業の精神『おもしれぇ 直ぐやってみゅう』さらに、『常なる革新 常なる創造』をモットーとし、フラットヤーン中核技術である『切』『伸』『巻』『織』を柱に連続的改良・開発を続ける開発力で、これまでの業界に存在しなかった『使う場所や用途に合わせて、様々な色や厚み、糸の素材を使い分けた合成樹脂加工製品』を作り上げる」が、それにあたります。

同社の現在の主力製品は、工事現場や災害現場で水やほこりなどを防ぐ用途となったり、花見や運動会の時に敷物として使われるブルーシートです。同社は日本で初めて同製品を製造し、材料となる糸から最終製品のシートまで一貫生産を行う国内唯一のメーカーであると同時に、工場内の製造設備までも自社で開発するなど、独自の生産体制を整えています。

さらに、同社には、売上の四分の三を占める合成樹脂事業部と、同じく四分の一を占めるエンジニアリング事業部があります。この二つの事業部はユーザーとメーカーの関係にもあり、合成樹脂事業部はエンジニアリング事業部の先端技術を活用することで、他社に先駆けて狙ったニッチ市場に新製品を投入できるのです。

「オペレーショナル・エクセレンス型」――東海バネ工業、吉村

三つ目はオペレーショナル・エクセレンス型です。これは、生産方法や販売方法などのオペレーション面で、競合企業に対してスピードやコストで差別化を図っていく対応のことです。「こんなに良いものが、こんなに安く」や「旨い・安い・早い」という言葉を聞いたことがあると思いますが、それらはこれにあたるものです。

この具体例としては、大阪府大阪市で金属ばねの設計・製造・販売を行う「東海バネ工業」が取り組む「ＩＴを活用した完全受注生産体制と国家資格である『金属ばね製造技能士』の資格保有と日本一難易度が高いと自負する社内資格制度を制定するなど徹底した匠の技の伝承でつくられる、同業他社がやらない・できない『単品に特化した多品種微量・完全受注生産』の金属ばねで、お客様のばねに関する『困った』を解決する」が、それにあたります。

同社は、創業時は後発メーカーだったこともあり、数量が多くまとまった案件はなかなか来ないこともあり、「まともにやりあっても注文は取れない。それゆえ、他社がやらない・できない、多品種微量・完全受注生産」を生きる道としていきました。

そのために、同社はデータベースを徹底的に活用していきます。まず注文が入ると、そのお客様が過去に発注した設計図面から参考になる図面を瞬時に検索して、新たな図面を提案でき、材料の在庫管理データとの連携で見積もり管理システムを通して、納期を素早く回答できます。

その上、ばねの仕様・設計要求・条件は、顧客ごとの専用ページで過去の全製品の履歴を確認できるため、再発注もしやすくなっています。

ばねづくりにおいては、手作業による匠の技の伝承だけではなく、その技術を落とし込んだ機械で匠の技を再現しているため、それが可能となっているのです。

さらにもう一社、紹介します。東京都品川区で日本茶を中心とした日本の伝統食品の包装資材・パッケージの製造・販売などを行う「吉村」が取り組む、「単なるパッケージ包装ではなく、全国八〇〇〇件のお茶屋さんをターゲットに、そのエンドユーザーのニーズ・ウォンツにも目を向け、店頭のデザインやユニフォーム、ＰＯＰなどの販売促進、包装紙やしおり、フィルターインボトルなど新しい茶器開発に至るまで、『お茶屋さんが繁盛するためにできるすべてのことを……』という思いから、お茶屋さんのビジネスパートナーとしてフルサポートする」が、それにあたります。

同社は、売上の九割以上が緑茶関連製品でした。しかし、ペットボトルのお茶が売れ始めて、日本茶をいれる習慣が急速に失われ、コーヒーが飲まれる社会に変化した時ピンチを迎えます。そこで橋本久美子社長は、「顧客の視点から見直して業務プロセスを磨けば、成長のチャンスはある」と考え、自社事業を「茶業界のビジネスパートナー」と再定義しました。そして、直接の顧客である全国八〇〇〇件の「お茶屋さん」に対し、日本茶の需要創造に取り組んでいったのです。

自分が買いたいものを提供するメーカーズシャツ鎌倉

自社の強み。新商品・サービスの良さを一番理解しているのは、間違いなくトップ自身のはずです。つまり、自身が一番よく顧客のことがわかる位置にいるのです。

その市場を最もよく知る自分自身が納得するもの、欲しいものを提供し、自分が買いたいと思うものを提供する。トップは提供者でもあり、グレート・コンシューマー（最高の消費者）でもあるのです。

自分が欲しいと思ったものの、その良さ・思いに理解・共感してくれるであろう顧客がどんな人か。どんな人に買ってほしいのかをイメージできれば、それが顧客ターゲットになるのです。

神奈川県鎌倉市に、メンズ・レディスシャツの企画・製造・販売をしているメーカーズシャツ鎌倉という会社があります。

同社が一九九三年に創業した際、貞末良雄会長は、「創業当初は事業計画も原価計算も考える必要はなかった。そもそも、いくら儲かる計画を立てても、お客様がいなければ商店経営は成り立たない」「お客様にわざわざ買いに来てもらうためには、まずは、自分が損をする以外にない」と考えたのです。

そこで、同社は「驚くほど上質なシャツを低価格で販売する」というポリシーを高らかに掲げ、お客様から「こんなにいいものを、こんな値段で買わせていただいていいのか」と言わせ、ファンに取り込むことを進めたのです。

そこには原価という発想はなく、いくらなら、お客様が買うかを考えに考えて値段を決めることでした。最もその商品・サービスを知る自身が、「これだけ勉強して、絶対にあごがはずれるくらい安いということであれば、お客様が買ってくれるのは間違いない」と考えたのです。

グレート・コンシューマーとして、お客様に買ってもいいと思わせる納得価格の上限値を想定し価格決定する。それを納得して支持してくれる人たちが、ターゲット顧客になるのです。

2. 価格競争からの脱却

理想は非価格競争

人は誰でも「高くて良いもの」より、「安くて良いもの」を選択しようとします。これは人として自然な、また当然な行動と思います。

しかしながら、問題はその価格です。その価格の安さが、その商品の生産や販売等に関わる誰かの犠牲・我慢の上にかろうじて成り立っているのであれば、その値決めは到底、健全・適正とは言えません。健全・適正でない以上、その商品が長くお客様に支持される、その価格で提供され続けることには、いつか限界が来ると思います。

その意味では、価格は、たかが価格ではなく、企業経営の命であり良心なのです。生産者はもとより、販売者・物流業者、さらには、お客様や社会を含めた関係するすべての人々が、幸せ・喜びを実感できる価格でなければならないと思います。

企業の競争力は大きく二つあります。一つは「価格競争力」、もう一つは「非価格競争力」です。価格競争力とは、言うまでもなく、「他社より安い」といった価格の安さを追求した競争力です。

一方、非価格競争力とは、価格の安さではなく他社にはない価格以外の付加価値を追求した競争力です。もう少し具体的に言うと、その企業でしか扱っていない価値ある商品や、その企業でしか創造・提案できない価値ある感動サービス、さらには、お客様が絶賛する組織風土やブランド等のことをいいます。

どちらの競争力が理想的かといえば、恐らく一〇〇%の人々が非価格競争力と回答すると思います。

今から四年ほど前になりますが、筆者も委員の一人として関わり、「非価格競争経営に関するアンケート調査」を行ったことがあります。二〇一六年と少し前の調査ですが、回答企業（製造業・非製造業を含め八三六社）を見ると、「価格競争型企業」が八一％、「非価格競争型企業」が一九％となっていて、当時、圧倒的に価格の安さを売り物にした企業・価格が安いことが唯一の存立基盤という企業が多かったのです。

価格競争型企業が圧倒的多数だった時代に、よく見られた売り方にこんなものがありました。例えば、大手スーパーや量販店でよくみられた「自社の価格が、もし他店よりも一円でも高ければ、そのチラシを見せてくれたら、同じ価格、さらに安い価格にします」。またチラシがなくても、「あそこの店はここよりも安かったから、ここで買うから同じ価格にしろ」という声の大きい客にだけ値引きをするといった売り方です。

当時は、一円でも安くなるからありがたいと、多くのお客様がチラシを持参して、複数店舗を歩き回ることも確かにありました。

しかしながら、いつしか時代も、消費者心理も変わり、お客様は「この店が当初設定した価格は何だったのか」「声の大きい客、値切れる客だけ安くなるのはおかしいのでは」と、逆にそのお店の値決めに不信感を増幅させていくようになったのです。

世界最適購買という間違った取引

また大手メーカーなどで日常的に行われている、相見積もりや競争見積もり、さらには「世界最適購買」という名の取引先の選定方法があります。世界最適購買とは、世界市場から最適な機能、品質、価格および納期で調達する方法のことです。

上述したように、最適な機能、品質、納期といった点も踏まえての言葉なのですが、このことを勘違いし、いかに世界中から最も安い価格で調達するかということだけを追求している企業も数多くあるように思います。

この方法は、新商品づくりの場合は重要になるかもしれません。その一方で、すでに長期間にわたり流れている商品の場合には、世界最適購買という名の下で多くの下請け企業が苦しむことになったのです。

言葉は美しいですが、結局は、いかに安く良いものを仕入れるかが主眼にあるため、これまで自社が下請け企業の犠牲の上に成り立っていたことを忘れ、多くの中小企業をまるで、天秤にかけ、力で価格を決めるようなやり方が横行したのです。

当時、よく知る製造業の経営者が、「今年は何とか受注に成功できたが、来年はほかがもっと安く見積もりを出してくるはず。だからうちも利益は全くでないけど、仕事がなくなるのは嫌だから、それ以下で見積もりをしないと受注ができなくなってしまう」と言っていたことを思い出します。

エーワン精密の短納期、高品質、適正価格

価格競争から脱却したいのであれば、やるべきことは簡単です。それは、自社が戦うべき池・土俵を決めて、その中で他社がやらない・やれないことをやり、その池のクジラになればいいだけです。競合がいる中で戦おうとしていては、いつしか価格競争に陥ることは目に見えているのです。

大企業・中小企業が入り乱れる世界で戦うべきではないのです。大企業と中小企業は、本来その持つ使命と責任が異なります。あえて言えば、大企業は大きな資本力を武器に、規模の大きな市場を創造・対応する企業です。

一方、大企業と比較すれば、はるかに資本力の弱い中小企業は、だからこそ小さな市場・ニッチマーケットを創造・対応するべき企業なのです。あえて魚に例えれば、大企業は海で生きるクジラ、一方、中小企業は川で生きる雑魚といっても過言ではありません。

このことこそ、両者の共生・共存の基礎的条件なのです。このことを無視して、中小企業が大きな市場に参入しようとすれば、資金や人財が続かず、溺れてしまったり、大企業であるクジラに食べられてしまうのは当たり前のことなのです。

価格競争から脱却するために、中小企業が狙うべき池、それは小回りやスピードが活かせる分野、小ロットや短納期が要求される分野など、他社がやれない・できない分野に進むことです。

しかしながら、多くの中小企業が、このことを十分理解認識していないのか、小ロット・短納期、かつ面倒な仕事を嫌い、逆に大ロットの仕事を好む傾向にあるのです。その結果、大手企業下請けの道を選択することになり、当然のことながら、多くの同業者や異業種企業が参入し、年々価格競争が激化していくのです。価格競争から脱却したいと言いながら、自らその可能性をなくしているのです。

何度も言うように、敵が入れない池をつくる、戦わない経営にかじを切るしか勝ち残る道はないのです。そのために、中小企業は価格競争に陥りやすい大ロットの仕事はあえて避け、付加価値の高い小ロット・手間暇のかかる面倒な仕事に、よりもっと真剣に取り組むべきなのです。そうすれば、大ロット市場の需給バランスが崩れ、中小企業同士の過当競争も少なくなるはずです。

東京都府中市で、各種コレットチャック・ガイドブッシュ、各種切削工具再研磨・特殊工具製作などを行う「エーワン精密」があります。

以前、同社を訪問した際、当時、社長だった梅原勝彦相談役は、製造業は「高品質」

「短納期」「適正価格」の三つを守るべきと話していました。

その中で、特に同社が重視したのが短納期です。同社が製作するコレットチャックやカムの形や大きさは、発注者が使用する自動旋盤や、その自動旋盤で加工する対象物の種類や形状によって自動的に決まるため、勝手に製品に独自性を持たせるわけにはいかず、差別化することは困難です。

また、高品質についても、発注者を十分満足させるだけの精度の製品を常に納めることができる競合も多数存在していたため、品質での差別化もそれほどできませんでした。また仕事を取るために、適正価格より低い金額で受注しても利益を出すことはできません。そこで同社のような企業が太刀打ちできないことは明らかだったのです。

そこで同社がたどり着いたのが、徹底した「短納期」です。同氏は「発注企業は一刻も早く完成品が欲しいはず。そこに他社に勝るとも劣らない『高品質』で、価格も割高でない『適正価格』で、なおかつ他社のどこよりも『短納期』ができれば、絶対に競争に勝てる」と確信しました。

そのため、競合が通常一~二週間かかるコレットチャックの製造を一~三日で製造し、その七割を当日発送するなどといった体制を整備していったのです。ただ、ここで忘れてはいけないのは、単に早ければ良いということではなく、同社製品は品質を含め、顧客のあらゆるニーズを満たした上での短納期だったということ。だからこそ、発注企業から値切られることのない価格決定権を獲得することができ、他の追随を許さない企業になり得たのです。

ハードとソフトの非価格競争分野

非価格競争は、大きく分けてハードとソフトの二つがあります。一つ目のハードな非価格競争とは、自社しかできない・やれない価値ある商品の創造や、生産さらには販売をする競争です。

そのため、その商品の市場・業界シェアやランキングが高いとか、一番といったレベル、つまり、「ナンバーワン経営」ではなく「オンリーワン経営」ということになります。

より効果的な、ハードな非価格競争力は、新商品に主導された経営です。これはその商品がローテクであれハイテクであれ、その企業のその年度の売上高の大半を、その年の新商品が占める経営です。

もう一つのソフトな非価格競争力とは、モノではなく企業のソフト面の競争力です。具体的には、値段は他社より少々高いが、接客サービスやアフターサービスが抜群に良い。値段は少々高いが、一個でも、今日・明日という短納期でも対応してくれる。値段は少々高いが、困った時にいつでも駆けつけてくれるといった競争力です。

それぞれの非価格競争力は、小さなことかも知れませんが、これら一つひとつの非価格競争力が積み重なることによって、小差が大差を生むことにつながるのです。そして、ダントツの競争力を形成していくのです。

しかも、こうしたソフトな非価格競争力は、ハードとは異なり、大きな投資を必要としません。それどころか、比較的短時日に実行することができるのです。

値引き交渉に応じない東海バネ工業

良いものは高くて当然という考えがあるとはいえ、その商品の価格が高ければ高いほど良いというわけではありません。そんなことをしていたら、市場から疑問を持たれ、反感を買い、やがて見放されてしまうと思います。

やはり、どんな商品にも適正価格というものがあると思います。つまり、売る側も買う側も納得する価格です。京セラ、第二電電という、国内でも最大手といわれる企業を立ち上げた稲盛和夫氏のフィロソフィ（哲学）の中に、「値決めは経営」という言葉があります。

その意味するところを稲盛氏は、

「経営の死命を制するのは値決めです。値決めにあたっては、利幅を少なくして大量に売るのか、それとも少量であっても利幅を多く取るのか、その価格設定は無段階でいくらでもあると言えます」

「どれほどの利幅を取った時に、どれだけの量が売れるのか、またどれだけの利益が出るのかということを予測するのは非常に難しいことですが、自分の製品の価値を正確に認識した上で、量と利幅との積が極大値になる一点を求めることです。その点はまた、お客様にとっても自社にとっても、共にハッピーである値でなければなりません。この一点を求めて値決めは熟慮を重ねて行われなければならないのです」

と言っています。値決めは高いから悪い、安いからいいということではなく、どういう値決めをするか。お客様が喜んで買ってくれ、自社にも適正利益がもたらされる最高の値段を決めることが重要で、それこそが経営そのものなのです。

東海バネ工業の渡辺良機顧問は、社長時代に欧州視察に参加し、ドイツのある、ばねメーカーを視察しました。その質疑応答の際、同氏が「価格はどのように設定していますか」と質問すると、先方は、「原価などに利益をのせて設定している」と答えました。

続けて、「値引きを要求されませんか」と質問すると、「値引きして売っているようでは、ばね屋として成り立たない。価格が折り合わなければ断るだけ」と答えたそうです。

その言葉を聞き、「単品特化のばね屋が値引きしたら消滅する運命しかない」「人が嫌がる仕事は正当に評価されるべき」ということに気付き、その結果、非価格競争の世界に足を踏み入れ価格決定権を得ることに成功したのです。

さらに今では、値引き交渉をしてくる問い合わせには「他社をお探しください」ときっぱりお断りするとともに、納期についても同社の都合を理解いただいたお客様の注文にのみ応じるようにしているのです。

適正価格を見極める

企業は常に好不況の波にさらされます。そんな中を生き抜く体力を持ってこそ、お客様や社員に対して安心を提供でき、さらに、お客様のために良い商品を届けることが可能になるのです。

どんなに良い商品・サービスを提供していたとしても、ちょっと不況の風が吹いただけで、会社が危うくなり、会社が潰れてしまっては、結果として関係する人を不幸にさせてしまうのです。そのために、黒字を上げるだけでは十分ではなく、しっかりとした利益率を確保することが重要となります。

その目安は、仕入れなど取引先に適正な金額を支払い、社員にも適正な給与を支払う。

さらに研究開発や教育研修などの未来のための費用を予算化した率、それが自社にとっての適正利益率になります。

ただ、ここで間違ってはいけないことは、あくまでも、利益というのはお客様に納得していただいた上でいただける、お客様からの感謝料、神様のご褒美といった結果であって、初めからそれを目的にすることは間違っています。

一般的に、「売上ー経費＝利益」といわれますが、利益に過度に固執すると、その達成のために無理に売上をあげることや、経費の過度な削減に走ることになり、社員や仕入先を心身ともに苦しめることになるからです。

つまり利益は高ければ高いほどいいというわけではなく、非価格競争が重要とはいえ、適正価格を見極める必要があるのです。

特定の取引先への依存度を低減する経営

中小企業の問題点の一つが、特定の取引先に過度に依存しているといったバランスを欠いた経営を行っている点です。一社への依存度を高くしていれば、まとまった売上を見通せるため、企業としては安心できる面は確かにあります。

その一方で、一社への依存度が高いということは、自社の技術・商品力に期待されて依存度が高いのであれば問題ないのですが、差別化要因がないのであれば、その取引を失いたくないがために、取引先の言うことがコスト面や納期面からみて、どんなに理不尽であったとしても、従わざるを得ない苦しい状況に陥る危険性を常にはらんでいるのです。

また、その取引先が永久的に、自社に発注してくれる保証は、誰にもできないのです。

そんな一社に過度に依存した不安定な状況からは、いち早く脱却すべきです。時間はかかるかもしれませんが、独自技術・独自商品など、差別化できるポイントを見つけ、取引先を分散して特定の取引先への依存度を低減する経営に舵を切っていくべきです。

そして、理不尽な取引や支払いを強要するような企業とは、「こちらから取引をお断りする」という強い決意で経営をしていくべきです。

3. 直に潜在ニーズを掘り起こす

市場が満たされ、欲しいものがほとんどない時代

イギリスの経済学者のジョン・メイナード・ケインズが、ケインズ経済学の立場から、

有効需要の原理として、需要量に合わせて供給（生産量）が即座に調整されるという考えを発表しています。

簡単に言うと、例えば一〇〇個需要がある製品があったとします。では、製造者は何個製造すればいいかというと、需要がある一〇〇個を製造すればよいという考え方です。というのも、一〇〇個つくれば、無駄な在庫もコストもかからず、利益を最大にすることができるからです。

確かに、この原理通りに進んでいた時代もありましたが、残念ながら、今は時代がさらに進んでいるのです。例えば、二〇一九年の内閣府の消費動向調査結果から、テレビの一世帯（二人以上世帯）当たり普及率と保有台数を見ると、普及率は九六・七％、保有台数は二・二四台に。パソコンのそれも普及率は七七・三％、保有台数は一・六〇台、エアコンは二・六台に。そして携帯（スマートフォン）も普及率は七八・四％、保有台数は二・二六台まで普及しています。二〇一九年当時の一世帯当たり人数が二・三三人であることから考えても、いかにこれらの商品が成熟してしまっているかがわかります。

このように、数多くの耐久消費財等が今やことごとく満たされてしまい、それに変わりうる新商品がなかなか誕生しない社会になってしまっているのです。つまり、現代は不況による買い控えから消費が回復しないのではなく、市場が満たされ、欲しいものがほとんどない時代になってしまったのです。

こうした市場の極度の物的成熟化が進展すればするほど、人々の関心が、モノからコトへ。ソフト・サービス財へと変化をしていくのです。というのも、物的に満たされた人々は、その消費を物ではなく、より高次の欲求である五感に訴えるような財、つまりソフト・サービス財に向けるのは自然な流れだからです。

上述したように、一定以上に満たされた人たちに、新たな需要を創造し続けていくのは難しいと思われます。様々な新商品や新サービス、既存商品・サービスのモデルチェンジなどが、毎日のように繰り返されていますが、新たな需要を喚起するほどのものはなかなか生まれていないのが実情です。

では、新たな需要が生まれにくくなった社会で、価値を認めてもらう商品・サービスを提供していくためには、何が必要になるのでしょうか。

現代は物的成熟化時代に突入しており、モノはもう入り込む余地がないほど満たされています。また人の志向もモノからコトへと移り変わっている中で、モノを提供し続けることは難しく、求められるものが変わっていることを強く認識する必要があります。

また、ニーズの多様化という点も考えなければいけないと思います。高度成長時代の日本では、多くの人が車や家を持ちたいという共通した対象がありました。それが、今や車を保有しない、興味すらないといった車離れ社会。持ち家にこだわらない、極端に言えば、その日どこに帰るかも決めていないといった考えも出てきているなど、大多数の意見というものがなくなりつつあるのです。

人とは違った商品を持ちたい。生活をしたいというニーズの多様化・価値観の変化が発生していることも、画一的商品・サービスによる需要を掘り起こせない要因だと思います。

このように需要を追いかけることが難しくなる中で、重要になるのは3章で紹介した、有効供給をつくるということです。これまでは需要があるところに供給していくという流れが一般的でしたが、これだけニーズが多様化している中で、潜在需要を把握するには、最終消費者と直結することが重要になります。

直に潜在ニーズを掴んだ徳武産業

どんな業種においても、最終納品者だけではなく最終消費者とつながることができれば、今の需要減がそもそもニーズがないから起こっているのか、それとも、ニーズはあるものの、それを満たすだけの価値ある商品・サービスがないから起きているのかを知ることができます。

これまでの、メーカーに入ってくる情報は大企業や卸業者を経由した場合が多く、またすべての情報が入ってくるわけではない限定的情報、さらにタイムリーな情報ではないということもあり、なかなか真のニーズにたどり着けずにいたのです。

それが、直接、最終消費者とつながることができれば、お客様が真に求めている、本人もまだ気づいていない潜在ニーズを知ることができるばかりか、そのニーズを満たすために自社が共有すべきものが明確になっていくのです。そして、そこで生まれた創造的商品・サービスによる新たな需要が発生することは間違いないのです。

香川県さぬき市で、ケアシューズ（高齢者シューズ）、ルームシューズの製造販売を行う徳武産業があります。

現在では、ケアシューズが同社の代表的商品になっていますが、その開発のきっかけは、ある老人介護施設を運営する友人からの「入居しているお年寄りがとにかく転倒をする。それぞれの施設の床の環境を変えてみたけど、床の問題ではなさそうだ。履物の問題ではないかと思うけど、お前のところで何とかならないか」という依頼だったのです。

実際に、当時社長だった十河孝男会長が、二年間にわたって実に五〇〇〇人もの高齢者に対して行ったモニタリング調査や、友人の施設経営者からニーズが得られました。

それにより、転倒などの悩みを抱えているお年寄りは、腫れた足のサイズに合わせて大きめの靴を買い、腫れていない片方の靴のつま先には詰め物をしたり、靴下を重ね履きしているなど、無理をして靴を履いていたことに気づいたのです。

単に履くための靴ではない、「転倒しない靴が欲しい」「踵がしっかりしている靴が欲しい」「多少、値段は高くてもかまわないので、左右サイズ違いの靴が欲しい」といった真のニーズを知った同社は、左右サイズ違いの靴を同一価格で販売したり、片足だけを半額近い値段で販売するという、靴業界の非常識に挑戦し続けたのです。

そこには、直に高齢者や障がい者と接することで、彼らが求めているものを実感し、それに応えることが同社の使命と気づいたからです。

顧客を創造するには「マーケットイン」

3章でも取り上げたドラッカーが定義した顧客の創造では「我々は何を売りたいかではなく、顧客は何を買いたいかを問う」「顧客が価値があると感じ、必要とし、求める満足こそが、製品・サービスである」と言っています。

つまりは、どんなに、つくり手が良いものだと思っても、それが顧客に伝わり、必要とされなければ、それは製品でもサービスでもない、ただの自己満足ということになるのです。

どうしても、商品・製品・サービスを開発する際に、企業・つくり手として思い入れがあるため、「プロダクトアウト」の発想になりがちになります。

一方で、顧客を創造する、顧客に気づいてもらうためには、「マーケットイン」の発想を意識しなければならないのです。この商品・製品・サービスが顧客のどんな負の解消につながるのか。どんな価値を新たに提供できるのかを追求することこそが、顧客創造の第一歩につながっていくのです。

良いものをつくれば必ず売れる。この商品・サービスに気づかない方がおかしい。というプロダクトアウト寄りの話が聞かれる時代もあったのも事実です。ただつくれば売れる時代ではなくなり、競合と簡単に比較されてしまう現在、プロダクトアウトの発想ではなく、いかにマーケットインの発想で、お客様のニーズに応えられるかどうかが、やはり重要となってきます。

つくり手として思い入れがあるからこそ、プロダクトアウトの発想になりがちになるのは当然です。また、誰もが見たことも体験したこともない商品・サービスが登場するわけですから、プロダクトアウトで事業を構築するのが間違いだとは言い切れません。また過度にマーケットインに偏ってしまえば、独創的で今までにない新しい価値を発揮するまでいかない画一的なものとなってしまうという危険性ももちろんあります。

ただ、お客様を創造し、お客様に気づいてもらうためには、お客様に価値を訴求する「マーケットイン」の発想がどうしても求められるのです。

この商品・サービスが、お客様のどんな負の解消につながるのか。どんな価値を新たに提供できるのかを追求することこそが、新規事業開発の入口となるのです。それは、お客様が求めているものが、自社がこれからつくる・提供すべきものであると、事業開発の共通イメージを持てるからです。

そして、お客様のニーズ・ウォンツに応える商品・サービスを開発できれば、当然、それまで先行していたものの負を解消しているわけですから、一定の市場を確保することができ、ある程度の売上予測も立てやすくなるのです。また、もともと存在していた市場の問題点を解決するものになるため、自社にとっては新規であっても、失敗する可能性が低くなります。

企業は環境適応業であり、いつの時代も、その時々の社会やニーズにマッチした新たな価値を創造し続けなければならないのです。好不況の度に一喜一憂する不安定な状態を脱するために、環境に適応する変化対応力を身につける必要があるのです。

4. ないないづくしからの新規事業開発

木村飲料の大手にできない「へそ曲がり戦略」

人を大切にする経営学会の会長の坂本光司氏は、企業とは何かと問われた際に、「企業は業績追求業でも、商品供給業でも、働かせ業でも、さらには資本家や経営者の金儲けの道具・出世の道具などではない」と答えています。さらに、市場創造業、環境適応業、雇用維持・拡大業、幸せ創造業、人財育成業、納税責任業、地域・社会貢献業であると付け加えています。

先に「潜在ニーズを掘り起こす」でも記載したように、真のニーズ・ウォンツがわかっていない中での新規事業開発は文字通り、ないないづくしからのスタートとなります。情報や経験値が不足する中で不安も大きくなります。

しかし、常に潜在需要を喚起し続けない限り、新たな需要は生まれないことは明らかであり、また誰も開拓していない市場を、アンテナ高く常に追い求め生み出すことで、その市場のパイオニアとしての価値・存在が認められるようになっていくのです。これまでに業界のパイオニアと呼ばれる人間は、いずれも市場を創造してきたのです。

中小企業が万人受けをする商品・サービスに、いきなり打って出るのは危険度が極めて高いと思います。一〇〇人中九八人がターゲットのマスを対象とする商品は、体力のある大手企業に任せればいいのです。中小企業は、初めから万人受けを狙わず、ニッチ市場を狙っていくべきです。

静岡県島田市で炭酸飲料、果汁飲料の製造・販売を行う木村飲料があります。

同社は、もともと大手メーカーの下請けとして二四時間操業を行っていました。しかし、下請け仕事は働けど働けど利益が出ず、身も心もぼろぼろになる。その上、機械の故障も増えるという悪循環に、木村英文社長は限界を感じ、下請けの打ち切りを決意します。

試行錯誤の中で、二〇〇六年に開発したのが「わさびらむね」です。静岡の地ラムネ開発品として販売されると、高速道路のサービスエリアや物産品を扱う小売店などで人気商品となったのです。

わさびらむねは、業界の常識を覆しました。それまで、ラムネは語源がレモネードだから、当然、味はレモン味と決まっていました。また、業界の認識と実績から見ても、ラムネは夏にしか売れないという固定概念がありました。しかし、わさびらむねは、わさび味でありながら人気商品となり、しかも1年を通じてコンスタントに売れる商品となったのです。

その後も、同社では「カレーラムネ」など、次々と新商品開発を進めていきます。わさびやカレーといったこれまでにない味のため、実際に試作品をつくってみると、社員のほぼ全員が「まずい」と答え、営業担当者も絶対に売れないと大反対にあいます。

通常であれば、商品化は難しいと思うのでしょうが、同氏は「これだけのインパクトがあるならいける。のどを潤すだけが清涼飲料水ではない。カレーラムネが新種のコミュニケーション・ツールになる」と確信しました。

実際、カレーラムネも大ヒット商品となり、この業界常識の逆をいく理由を、同氏は「これからの中小企業が成功するコツは大手企業と正反対のことをすること。大手とは一八〇度反対のへそ曲がり戦略・へそ曲がり商品だ」

「一〇〇人中九八人がターゲットの商品は大手企業に任せて、中小企業は残りの二人をターゲットにしていけばよい」といったのです。

時代の変化を統計情報から読む

新規事業を開発するために、企業は市場調査などを行い、現在の環境と今後の変化の波を感じることが必要になります。自社を取り巻く経営環境を常に正しく分析して、タイムリーに対応できない企業が取り残されていくのは当然のことです。

では、環境変化をどう予見すればよいのでしょうか。実際に現場に出向き、自身でその空気感や匂いを感じ取るのが一番ですが、それが難しい場合は統計資料を利活用するべきです。

統計情報は、過去から現在までの流れを数字によって見える化しているもので、その数字は嘘偽りのない真実を表しています。その変化を見れば、時代がこれまでどう変化してきていて、今後どう変化していくのかを把握することができるのです。

例えば、あるエリアを決め、新規出店を考えたとします。まず、その出店場所を実際に見て、時間帯ごと、性別ごとのターゲットとなりそうな人通りなどを確認したり、また近隣に競合となりそうな店舗がどの程度あるのかということを調べると思います。しかし、それはあくまで現時点での情報でしかなく、今後もその状況が永遠に続くという保証は誰にもできないのです。

だからこそ、そこで統計情報を活用し、過去にさかのぼり、そのエリアの人口の増加や昼夜間の人の移動率や競合店舗の増減状況などを見ることで、本当にここが出店場所として正しいのかを決断する。

そして将来の人口推計などの状況を見ることで、将来的にも、ここが市場であり続けるかを予測することで、複合的検証から最終判断をすべきです。

自身の足と目、そして客観的なデータを組み合わせた複合的な視点からものを見ることで、新たな可能性に気づくことができるようになります。

自ら考えたものを自らつくり、売る

企業活動が行われる中で、必ず発生する機能がいくつかあります。それが研究開発・生産そして販売で、どんな企業であっても、この機能がまったく発生しない企業は存在しません。

まず、研究開発というのは、明日のメシの種となるべき、新しい製品・サービスを自ら考えるということです。

企業の経費には、今日のためにかける経費「現在経費」と、明日のためにかける経費「未来経費」の二種類があります。研究開発などは未来経費にあたるものです。

未来経費を投資したからといって、必ず芽が出るわけではありませんが、かけなければ芽が出る可能性はゼロということになります。低迷する企業の圧倒的多数は、目の前の現在経費にのみ投資を行い、成長の種まきをほとんどやっていないのです。

日本でいちばん大切にしたい会社大賞の審査項目でも「研究開発費や教育訓練費等、未来経費に売上高の一％以上を投下していますか」と聞いています。つまり、その目安となるのは売上高の一％以上ということになります。

発展している企業では、この数値を単にクリアしているだけでなく、継続的に未来経費を投資し続けて、今日のためではなく明日の成長のための種まきをしているのです。

市場のニーズ・ウォンツに合致した、これまでになかった製品やサービスのアイデアを考えることに成功したならば、次に考えるべきは誰がつくるかです。

多くの企業が、何かしらのものをつくっていることは間違いありません。ただ、ここで重要なことは上述した自ら考えたものを自らつくるということです。これはすべての業種に当てはまる話ですが、特に製造業などでは、大手企業の販売する製品の一部部品を生産するだけの下請け企業が多くなっているように思います。

ひどい企業になると、自分たちのつくっている部品がどんな製品に使われているかも知らずに、毎日ただひたすらにその部品をつくり続けているというケースもあるのです。これでは単につくっているだけであり、お客様への価値を生み出す真の生産機能を保有しているとは到底言えないのです。

自ら考えたものを、自らつくり終えたら、最後に考えるべきことは、誰が売るかです。

せっかく自社で開発・生産したものを他社に販売してもらうのか。それとも、自社が直接販売するのか。この決断を間違えると、後々大きな差が生まれることになります。

自分の製品の価値を正確に認識した上で、量と利幅との積が極大値になる一点を求めることを値決めと言いました。自社の製品の価値を誰よりもわかっているのは、当然、自分たちであり、お客様が喜んでお金を払ってくれる価格がわかるのも、自分たち以外にはいないのです。

他社に販売してもらうことで、自社が望まない高値で、お客様に販売されてしまう。それで喜ぶのは、販売を委託した企業だけで、本来、喜ぶべき人は誰も喜べない結果にしかならないのです。

だからこそ、自ら考え、自らつくり、自ら売る。この三つの機能を持ち、自社が製販一体型企業となることが強く求められるのです。

5. 新事業創造へ、社内外の力の生かし方

経営者が持つべき五つの眼

新たなことをはじめようと思った際に、不安定・不確実な社会情勢を見極めるために、経営者が持つべき五つの眼があります。それが、「主観ではなく客観」「短観ではなく歴史観」「ローカルではなく世界観」「現象観ではなく本質観、原理原則観」「企業観ではなく現場観・現物観・現実観（三現観）」です。

主観ではなく客観とは、変化・問題を自社・自身を基準にして観るのではなく、第三者的・俯瞰的な視点から観る。主観にとらわれず、より幅広くものを観る眼。

短観ではなく歴史観とは、変化・問題を対前年比較等の短期ではなく、五〜一〇年の中長期のスパンで比較する。時間軸をしっかり持ち、長い歴史の中の一つの時間として、今を眺める眼。

ローカルではなく世界観とは、変化・問題を自社・自身の生活範囲や地域レベルで判断するのではなく、より広い世界的視野から観察する。幅広い空間軸で、ものを観、そして

判断する眼。

現象観ではなく本質観、原理原則観とは、変化した現象だけを見るのではなく、それをもたらした要因・本質を見極める。表面的に物事をとらえるのではなく、原理原則を見つめ、本質を見極める眼。

企業観ではなく現場観・現物観・現実観（三現観）とは、変化・問題を現場・現状も知らず、机上の空論で判断するのではなく、その現場に出向き、現物を見て、現実を知る。現場に行き、現物を見ることで本当の現実がわかる。三現主義でものを観る眼を持つということです。

ゼロから何かを始めるにしても、この五つの眼を持っていれば、時代・現状を見誤ることなく、物事を進めていくことができるはずです。

業界常識を疑う

ゼロから一をつくっていくということは、これまでの延長線上には答えがないことを意味しています。その答えを見つけるためには発想の転換が必要になります。具体的には、業界常識を疑うということです。

業界常識というのは、文字通り、業界関係者が勝手に決めた・考えた常識であり、自分たちに都合のいいように考えられたものでしかありません。また自社が、その常識の範囲の中で何かやろうとしても、すでに先行者が数多くいて、後発となる立場で生き抜いていくことは容易ではないのです。

業界のタブーを犯すとか業界の革命児という言葉があります。なぜ、こういった言葉が出てくるのかといえば、業界常識を非常識と思っている人たちがいて、業界を変えたいと強く思っているからです。

もちろん、業界のルールの中には変えてはいけないものはあると思いますが、憲法や各種法律をはじめ、私たちの身の回りにあるルールも時代に合わせ、変わっている部分もあるのです。

業界常識を逸脱してはいけないという決まりはなく、業界常識を疑い、真に時代が求めていることに進んでいくことで道は開けるはずです。常識という言葉にとらわれていては思考停止を招くだけで、決して新しいものなど生み出せないのです。

また、景気・流行を追わないことも、新しいものをつくり上げていく上で重要なことです。経営者として、これからの景気・流行がどうなるかを「読む」ことは必要ですが、それを追っていっては、新しいものをつくることに関しては、決定的に乗り遅れることになります。

さらに、景気や流行はその波は違えども、必ず廃れていくものであり、それを追った経営をしていては、いつまでたっても安定した経営をすることは不可能です。自らが市場を切り開く。自らが流行をつくるという意気込み・決意を持つことが、経営者には強く求められるのです。

最も適任なのは誰かを判断

新事業を創造する上での最終決定者はトップであることは間違いありません。ただ、トップがどんなに有能な人物であったとしても、頭と体は一つしかなく、すべてを自身で考え、行動するのは限界があります。

そこで、当然のこととして、所属する社員を巻き込む必要が出てきます。しかし、ここで間違ってはいけないのが、誰を参加させるのかということです。『ビジョナリー・カンパニー』などの著者として知られるアメリカのコンサルタントのジム・コリンズ氏の言葉に「誰をバスに乗せるのか」というものがあります。その意味は次の通りです。

偉大な企業への飛躍をもたらした経営者は、初めにバスの目的地を決め、次に目的地までの旅をともにする人びとを、バスに乗せる方法をとったわけではない。

初めに、適切な人をバスに乗せ、不適切な人をバスから降ろし、その後にどこに向かうべきかを決めている。

要するに、こう言ったのです。

「このバスでどこに行くべきかはわからない。しかし、わかっていることもある。適切な人がバスに乗り、適切な人がそれぞれふさわしい席につき、不適切な人がバスから降りれば、すばらしい場所に行く方法を決められるはずだ」

この言葉は、人財採用の際によく取り上げられる言葉ではありますが、新事業を創造する上でも同様のことが言えるのです。全社を挙げて新事業を創造していかなければならないのは当然ですが、最短で進ませるために最も適任なのは誰なのか。トップとして、適材適所を判断することが、まず求められるのです。

声なき社員の声を聞く

どんな組織にも、トップの言動・行動に対して、批判的な社員はいます。ただ、この批判にも良い批判と悪い批判があるということを理解する必要があります。批判は自身の敵・邪魔にしかならないと考えていては、進んだはずの新事業も進まないことさえあるのです。

まず、悪い批判というのは、とにかくトップや会社がもともと気に入らないから、たとえ賛成意見であっても、常に反対ありきの姿勢でいる社員です。一方、良い批判というのは、所属する会社・組織を何とか良くしたいと居ても立ってもいられず、意見をする社員です。

一見、トップとしてみれば、同じように批判的意見を言う社員のように見えてしまうのですが、その意見はまったく意味合いが違っているのです。そこに常に耳を傾け、聞き分けることができれば、新事業を進めていく上で、大事な社員を失うことはないはずです。

自ら声をあげる社員の意見は聞くことが簡単ですが、すべての社員が声をあげるわけではありません。声をあげない社員の中には、新事業につながるアイディア・意見を持っている社員が必ずいます。そういった、声なき社員の声を聞くことも、トップに求められることです。

では、具体的にどうすればよいのかですが、多くの企業で実施されている提案制度などを活用するのも一つと思われます。提案制度は、社員から会社の業績向上や業務改善、新事業アイデアなどの提案を広く募集する制度です。トップや経営幹部が気づかない現場独自の発想やユニークな視点など、社員の声なき声を吸い上げ、それを経営活動に活かしていこうとする取り組みです。

ただ、いきなり具体的な提案を求めるのは難しいでしょうから、トップ・社員ともまずは考える訓練をする必要があります。まずトップは、社員に対してどんな小さなことでもいいから、社内で気づいたこと、お客様の役に立ちそうなことを思いついたら、提案してもらうように持っていく必要があります。

また、社員から提案があるからといって、それをいきなり直接聞かせてほしいというのも難しいので、社内に提案箱などを設置して、提案しやすい社内環境を整えることも重要です。

その際のルールとして設けることとは、どんな意見・実現可能性の少ない提案であっても、批判はしないで受け入れる。提案した人を責めないということです。社員の多くがどんな提案をすればよいのかもわからない中で、意を決して出した提案が即座に却下されたとしたら、次から提案するのを恐れてしまいます。

トップも、提案制度のもう一つの目的を、声なき社員の声を聞く。社員に考えさせる文化を根付かせることと認識して、待つことが求められます。新事業の創造ということで、スピーディーに行いたい気持ちはわかりますが、ここはそのために必要な時間と割り切って、時間をかけていかなければならないのです。

任せる経営

新事業創造の方向性に目途がつき、具体的な検討に入っていく段階になった時、トップが気を付けなければならないのは、自身があまり深く入り込まないということです。その事業を進める旗振り役・推進者を決めたならば、その社員に権限を委譲し、任せる経営を進めることが重要になります。

人は重要な役割・目的を持つことで、任されたことの意義を感じて、その役割・目的を達成させるために、自ら考え、行動する中で、小さな成功・小さな失敗を繰り返していきます。そしてその成功・体験が自身の血となり肉となって、モチベーションをさらに高くし、人財として飛躍的成長をもたらすことになるのです。

ただ、間違ってはいけないのが、権限委譲＝丸投げではないということです。トップとして、必要な時には報告を受け、アドバイスを求められた時には答え、決して表には出ないが、陰からしっかり支え、見守り続けなければいけません。丸投げしたから、全責任は推進者にあるのではなく、その責任は自身の責任でもあることを強く認識することが求められるのです。

出会いを求める

これまでになかったものをつくるとなると、いろいろなことを変えていく必要が出てきます。その一つが付き合う人です。これまでの人間関係を整理しろということではなく、これまで出会ったことのない人との出会いを求めろということです。

具体的には、多くの経営者が集まる勉強会や異業種交流会に参加することも、その一つです。そこには新たなビジネスチャンスを求める意欲の高い経営者たちが集まっています。そこでの出会いが、自社の新たなビジネスヒントが見つかったり、自社のビジネスに第三者的にアイデアを提供してくれるビジネスパートナーが見つかることにつながるはずです。

自分は忙しいから参加できないから入らないではなく、自身が参加できない時は経営幹部や自身がふさわしいと思う社員を参加させればいいのです。こういった場は、自身の人脈形成構築の場になるだけではなく、会社としても人脈形成の場として活用できるのです。

第四の経営資源を活用する

中小企業は総じて、人材・技術・情報といった経営資源に限界があります。しかしながら、誰も中小企業だから仕方がない・しょうがないという目で見てくれることなどありません。

お客様にとっての価値は、大企業の商品だからとか、中小企業の商品だからといった誰がつくったのかではなく、その商品そのものの価値なのです。それゆえ、中小企業にとって、その中で大企業と相対しながら非価格競争を実現していくことは容易ではないのです。

では、多くの中小企業は限られた経営資源の中で、いかにして戦っていけばよいのでしょうか。そのヒントになるのが、ネットワーク型経営の実行です。つまり、外部にある必要な経営資源を自社に取り込み、有効活用することで、その経営資源をあたかも自社の経営資源のように高度に利活用する経営を進めることです。

ここでいう外部経営資源とは、同業種の企業はもとより、取引先の企業・異業種企業、さらには弁護士や公認会計士・税理士・社会保険労務士・各社経営コンサルタント、加えて言えば、行政や大学等教育機関が持つ資源のことを言います。

人材・技術・情報、または人・モノ・カネに次ぐという意味で、これを第四の経営資源と呼んでもよいと思います。こうした第四の経営資源の内部化のためには、中小企業は内にこもらず、価値ある仲間を求め、積極的に外に出るべきと思います。

そして少なくても産学官交流会や異業種交流会、あるいは展示会などに参加して、自社の存在を広く知らしめる必要があります。それは、こういった場には、同じ考えを持つ人たちが多く集まっているため、価値ある人脈づくりには格好な場となるからです。

ともあれ、こうしたネットワーク経営の実行は、単に企業の知見や情報力が強化されるだけではなく、市場や技術の業際化・業間化・システム化・トータル化・複合化が進行している近年において、非価格競争の創造面においても、ますます重要になってくると思います。

情報発信をし続ける

外部経営資源を活用するために、積極的に外に出会いを求めることも必要です。ただ、なかなか時間的に、それが難しい場合に取るべきは、Ｗｅｂサイトなどを通じての情報発信です。

自社はこんなことができる。こんな技術を求めています。という情報を発信し続けることで、その情報を見た人たちから、「これを是非お願いしたい」「それができるなら、こんなこともできるのではないか」「うちはこんな技術があるから、一緒にやりませんか」といった問い合わせが来るようになるのです。

多くの中小企業は、情報・技術を公開すると盗まれるからいやだといいますが、少し厳しく言えば、仮に公開して盗まれる・マネされるような技術には、自社が考えているほどの特殊性・価値はないと思ったほうがよいです。

自社の技術をアピール・発信していかない限り、どんなすばらしい商品・技術があっても、外部経営資源となる方たちは自社を知るすべはないのです。まずは自社を知ってもらうための情報発信を始め、やり続けることが求められます。

愛知県豊橋市で、超音波応用製品及び超音波振動子の研究開発、設計、製造、販売を行う本多電子があります。同社は超音波技術を核とした多角化を進めていますが、そのためには当然、人と設備が必要になります。ただ中小企業が、すべてを社内でまかなうのは難しく、どうしても他社や大学の研究者などとの協力が不可欠になります。

そのために、同社が考え付いたのが、オープンテクノロジー・情報公開です。要するに、同社は超音波に関する技術開発に専門特化し、それ以外の分野は外部に任せるということです。そのためには、同社がどういう技術を持っていて、相手先にどういう影響を与えるのかということに関心を持ってもらわねばいけません。

そこで展示会や学会などに積極的に参加をし、当社が持ちうる超音波に関する情報・技術を積極的に情報発信したり、同社Ｗｅｂサイトで超音波に関する解説と超音波で何ができるかを記載した「超音波ハンドブック」を掲載したりと、様々な取り組みを行っているのです。

5章

地域資源を承継するM&Aと信頼による金融機能創造

水沼啓幸

1. 地域も企業も活性化するM&Aの要諦

地域の危機、大廃業時代に備える

中小企業三五七万社のうち後継者がいない会社は全体の三割以上にあたる一二七万社に及び、五年後には中小企業の社長のうち、七〇歳以上の社長は全体の六割を超える二四五万社に及ぶと言われています。中小企業の過半数は世代交代期を迎えているのです。

地域における事業承継問題は中小企業が抱える最も大きな課題です。中小企業庁発表の事業承継ガイドラインでは中小企業の経営者の平均年齢は六六歳をボリュームゾーンとして、その年齢は年々上がり続けています。

また、後継経営者が決まっておらず、事業承継が未定の会社の約半数の企業が廃業予定という結果が報告されています。特に小規模企業においては約七〇%が廃業予定という非常に危機的な状況が見て取れます。国も危機感を持ってさまざまな施策で事業承継を後押ししていますが、うまくいっていないのが現状です。

中小企業の事業承継では最初に検討されるのが親族内の承継ですが、跡継ぎと思っていたご子息が首都圏に就職してしまい戻ってこないケースが多く見られます。そこで、親族ではない経営幹部や工場長に引き継ごうと思っていても、多くの企業では代表者が借入金の連帯保証人になることを求められるという高い壁があります。

このハードルを超えられず承継が進まず黒字企業が廃業に至る事例が増えてきています。承継が進まないと、いずれ廃業を選択せざるを得なくなり、地域資源である社員、販路、技術、ノウハウが一瞬で失われてしまいます。

特に地域の場合は一社が廃業すると、地域企業同士の取引関係が密なため、取引先など連鎖的に廃業が続くこともあります。このような危機的状況を脱するには、幹部社員の経営者への登用の障害をなくすことや、経営人材を外部に求めること、またはM＆Aによる事業承継を進めることが必要になってきます。

現状のM&A仲介サービスに対する満足度は高くない

近年第三者承継の一つの手段として、M＆Aに対するニーズが増えています。M＆Aに対する一般的な見方として、資金力が潤沢な大手企業が行う会社規模を大きくするための有効な戦略であり、一見、中小企業には関係のない取り組みだと思われがちです。

しかし、後継者不在の会社をめぐる事業承継問題を背景に、そのニーズは年々高まっています。近年は中小企業M&Aが全国的に年々増加しており、地域においても多くのM&Aが行われるようになっています。そのため地域の事業承継問題も解決に向かっていると思われがちですが、現実は違っています。地域においては廃業する企業の増加ペースが速く、まったく間に合っていないというのが状況です。そして、近年増えているのが、先ほども述べたように黒字企業の廃業です。

そのため、事業をさらに成長させたいと考える経営者は引き継ぐ側として名乗りを挙げています。現在、事業の売却を希望する企業一社に対して、引き継ぎたいと名乗りを挙げる企業は九社と言われています。地域にはそれぐらい事業を引き継いで成長させたいという企業が存在することを表しています。

さらに、M&A仲介をサービスとして行うM&Aのコンサルティング会社や一部の金融機関は，売りたい企業を探すことに躍起になっています。

しかし、決して現状のM&A仲介サービスに対しての満足度は高くはありません。高い手数料や少ない情報でのマッチングなど、業者側と実際にM&Aを依頼する企業の間に圧倒的な情報差があります。また、自分の事業をお金に換えて売却するという考えにまだまだ抵抗があります。そのため、中小企業にとって使いやすいサービスになっているとは言い難いのが現状です。

今後は、これらのニーズに対応するために地域の税理士、経営コンサルタントや金融機関の担当者がアドバイザーとしての技能を備え対応することが求められます。地域をよく知る専門家が対応することで，情報の非対称性が解消され、よりよいマッチングが行われるようになります。

このような地域の事業承継事情を受けてか、近年、人を大切にする経営を実践する企業が、同業者や周辺事業者からM＆Aの引き継ぎ先として依頼を受けるケースが増えています。自分から名乗り出るのではなく、「このような経営をしている会社なら、ぜひ弊社の社員と事業を引き継いでほしい」と先方から相談があるのです。

アドバンティク・レヒュースの「心のM＆A」

群馬県前橋市に、産業廃棄物、環境に係るコンサルティングビジネスを展開するアドバンティク・レヒュースという会社があります。M＆Aの実践によりグループ企業としての成長を果たしています。さらに、そのあり方や手法はこれまでの規模の拡大や資本の論理のM＆Aとは大きく異なります。

同社の経営スタイルは経営理念「全社員の幸せを通して、世の中に貢献の輪を広げ、幸福総和No．1企業を創る」の通り、働く社員の幸せを第一に考えています。そのような経営スタイルは業界において認知度も高く、近年では「御社で事業を引き継いでほしい」「再生企業の支援企業として名乗りを挙げてほしい」との要請が来るに至ったのです。

同社ではこれまでM&Aを三件実施しています。しかし、規模の拡大を目的にこちらから仕掛けたわけではなく、先方からの相談や依頼でM&Aを実施してきました。代表の堀切勇真社長は「心のM&A」と表現し、譲渡企業の社員一人ひとりの意見に耳を傾け、その意見を経営に反映させていくことで、経営への参加意識を醸成し、一人ひとりの価値を認めています。その結果M&Aで最も難しいと言われる組織統合を円滑に行っています。

譲渡側の社員に敬意を表し、自分たちでどうすればよいのかを考えてもらい、会社を改革、改善させる手法で双方の会社の成長を両立させています。

山形のキヨスミ産研を引き継ぐ際には、地域経済活性化支援機構の採択を得て、再生支援の一環でM&Aを行いました。堀切社長は「地域に必要な企業だからこそ支援する価値がある。その地域ならではの文化や風習はそのまま大切にしながらも、決して刺激的にならないよう、『よそ者・ばか者・若者』にしか変えられない新しい価値観を投入していくべき」と言います。

再生型のM&Aの打診を受けた際には、再生企業であることから社員のモチベーションも低く、簡単にはうまくいかないような案件でした。しかし、堀切社長はぶれることなく、自社と同様に、理念や考え方を基盤として現場の社員に自ら改善プランを作成するよう促し、意見を吸い上げる意識改革を行いました。

そして、改革成功への原動力が現場の社員のモチベーションの向上でした。多くの場合M&Aをされる側の社員のモチベーションは当然下がります。しかし、同社は現場の意見を吸い上げ、自分たちで考えたプランを実行することでモチベーションが上がり、今では見事、優良企業へと変貌しています。譲渡企業の社員の一人は「初めは疑っていた、しかし言行一致を目の当たりにするにつれ信じてついていってもいいんだなと思えるようになった」と言います。

そして、その信頼に足る裏付けとして、「旧体制の処遇水準にもよるが、業界平均より低いと判断した場合は、まずは大きなベアをもって理念を実証し期待感を醸成する。その財源は、本来取るべき役員報酬をゼロにしてそちらに充てる。また一年目の変革によって生み出した粗利増分もそちらに充当するべき」とも言っています。

一般的にはファンド会社などはM&Aを行って事業価値を上げて売却します。しかし、同社はそのような考えは持っていません。引き受けた会社の社員をグループの一員として共に幸せを創造できる関係を築いていくことを想定しています。

堀切社長はM&Aを行う際に気を付けないといけない点として、「動機そのものの善し悪しが、将来的な事業の成否を分ける要素になっていく」と語っています。そのため、親子会社という上下関係ではなく、兄弟会社という平等な関係性を築きグループ経営を打ち出しています。

堀切社長は「正しい経営をしているのであれば、時間軸及び規模軸両面においてその輪を広げることができる。即ち、一人でも多くの人を幸せにできることにつながる」。また、「強く優しくという観点で見た場合、正しい戦略に基づいているのであれば、競争に生き残るための基盤を早期（時間を買うという考え）に整えることができる」と述べています。

売上や利益のためだけに行うM&Aは、資本の論理で勝者と敗者を明確に分けてしまいます。買収された側と、した側の差は埋まることはありません。

同社は、引き継ぐ側との信頼関係を重視し、「一人でも多くの社員とその家族を幸せにする」ことを目的としてM&Aを実践しています。

そのためには、本当に譲渡企業の社員を幸せにすることができるのかを考え抜くことが重要であり、そのためには外聞や見栄、目先の利益を追うという考えを捨てることができるかが大切です。

この事例はM&Aにも理念や社員のモチベーションが重要であることを示唆しています。売上や利益の拡大のためではなく、幸せな社員を増やすためのM&Aの活用という考え方です。企業はどこまでいっても社会的存在であり、地域社会に対する配慮は欠かしてはいけません。新しい体制になって雇用が増え、納税も多くなり、地域も活性化した、そう言ってもらえるようなM&Aが時代には必要とされています。

現在同社には、こちらから積極的な働き掛けをしなくても、知り合いや業界のつてを辿って相談が寄せられます。正しい経営を行ってきた会社であればあるほど、これから同業者や外注先からM&Aの相談が寄せられることになってくるでしょう。

地域企業が大手企業に買収されるデメリット

ポストコロナの環境下では、変化に対応できない企業は退場、または他の会社に合併され地域企業の集約化が自然に図られていくでしょう。地域にとって企業数が減ることは必ずしも悪いことばかりではありません。正しい経営を実践するいい会社が残り、増えることで地域の抱える多くの課題は解決します。過度な価格競争もなくなり利益が増えれば、働く人の賃金も向上していきます。

その際、必ずしも大規模化や効率化が集約化の正解ではありません。譲受会社が地域資源であるノウハウや技術を承継して成長し、足腰の強い企業が増えることが重要なのです。

地元の企業がなくなる影響は、思っている以上に大きいものがあります。地元の金融機関取引、外注先、仕入先の取引など、表には出てきませんが、地域にとっての経済的損失は計り知れません。

また、経営機能が地域になくなり、実務機能だけが残ることになるため地域を重視した雇用や意思決定はしにくくなるでしょう。結果として地元採用のスタッフが一人もいなくなる、すべて取引先がコスト優先で大手企業の仕入先に取って代わられるなどの影響が出てくるでしょう。

できれば、同地域、または近隣地域（隣接した都道府県）または、地域外でもアドバンティク・レヒュースのような、その地域を尊重し正しい経営を行ってくれている会社が望ましいと言えます。

地域企業のM&Aを成功させる三大ポイント

①ともに成長するというスタンス

M&Aの後に譲受企業とは理念や風土を統一する作業から始める必要があります。ここをしっかりやっておかないと後々トラブルや残された社員と敵対的な関係になってしまうことも想定されます。もともとあった良い点や企業文化を尊重し、その中に共通した価値観を醸成していくことが重要です。そのためには上下の関係ではなく、同じ目線でともに成長していくというスタンスが譲受側の経営者には求められます。

②双方のシナジー効果を発揮できる

先ほどの堀切社長は「双方シナジーが生まれることが絶対条件」だと言います。、マンパワーは足りているか、具体的戦略、資金、そして身の丈に合った範囲内での支援が行えるかを考慮することが重要になります。

当然ですが、対象企業にとって人生をかけて育ててきたビジネスには高い誇りや思い入れがあります。また、長きにわたって地域でビジネスをしている場合、訪問頻度の多さや過剰に見えるサービスなど一見非効率とも受け取れるような活動を行っていることがあります。

シナジー効果の観点から対象とする業者は現在手掛けている事業の周辺事業に特化することが大切です。特に地域内のM&Aでは、商慣習を大切にする必要があるケースが多いため、完全異業種同士のM&Aは難しいという認識をしておくことが必要です。

③地域性や組織文化に配慮する

M&Aは最終的には長年培ってきた事業の価値を金額に換えるプロセスです。当然引き継ぐ側は高く売りたい、引き受ける側は安く買いたいという市場原理が働きます。しかし、中小企業のM&Aについては金額の高い、安いで進めていくと失敗することの方が多いと思います。

もともと中小企業には上場企業のように時価を算定する綿密な基準はありません。そのため、最初から資本の論理で話を進めていかないことが重要です。やはり経営理念や、社風、一緒に働く社員の働きぶりや雰囲気などを踏まえて、お互いに合うかどうかを判断して進めていくことが求められます。

日本レーザーはM&Aで引き継いだ人財で成長

M&Aで事業を拡大させていくにはテクニックよりもあり方が大切です。地域においては「お金よりも地元で引き継いで雇用を守ってくれる企業があれば」と考えている高齢の経営者が多いです。その一方で、今やM&Aがブーム化したことで、M&Aを行うことが目的化している本末転倒な企業も増えているように思います。

事業を引き継ぐ企業は「明日からこの方針でやってもらいます」というような一方的なやり方ではうまくいきません。また、譲り渡す側の企業も実際の価値よりも高く中小企業を売ると、のれん代がその後の経営に重くのしかかります。「実際の簿価や財務的価値よりも高く売れてよかった」ではないのです。

残された社員は、売却後ものれん代を償却し続けていく形になり、給与の引き上げや福利厚生の向上などは後回しになってしまいます。そのために高額な手数料や高い金額で中小企業を売り買いすることは、人を大切にするという視点から見ても地域内でのM＆Aのあり方とは言えません。

また、M＆Aで企業の成長を図るには事業価値を上げて成長させていく手腕が求められます。ここでは、人を大切にする経営がとても役立ちます。

当然ながら、人を大切にする経営は一方的なトップダウン経営ではありません。社員が経営に参画して成長し、その結果として企業が成長するという好循環を形成していくことが求められます。したがって、一方的に押し付けるのではなく、一人ひとりに考えさせ成長を促すような組織統合のプロセスが中小企業には向いています。

事業をつくり変える際には何が重要かと言えば、これまで述べてきたＤＸや採用、育成を駆使して事業をアップデートしていくプロセスです。収益性が低くそれほど儲かっていない会社でも、自社が経営に参画することでビジネスモデルを先鋭化できれば、収益性は向上し、企業としての価値もまた向上させることができます。

これからの地域においてM&Aは社会貢献になってきます。後継経営者のいない会社を引き継ぎつつ、新しいエッセンスを加えて再構成し、再び成長を続ける企業へと変えていくことは、今後の非常に価値の高い取り組みです。

二六年間黒字を続けている日本レーザーでは、これまでに二件のM&Aを含む社員と商権の移管等の事業譲渡を合計六件行ってきました。M&Aは事業開発の時間をお金で買うことになります。

同社のこれまでの成長には、M&Aでの他社からの人財や取引先の引き継ぎが大きく貢献しています。

近藤会長は「企業経営において、どのような外部環境の変化にも対応できる戦略を体系化したビジネスモデルが必要であり、そのビジネスモデルを運営していくために人事（人事評価制度、働き方）と財務（自己資本比率を高める財務やキャッシュフローの視点）の両輪が必要だ」と言っています。そして「しかし、どんなに戦略やビジネスモデルが優れていても、これら三つの機能を統合するにあたって基礎となる『人を大切にする経営』が根底になければうまくはいかない」とも言っています。

そして、「M&Aで事業を統合していく過程で必要なことは、新しく入社する社員に、途中入社であっても平等にチャンスが与えられている組織文化だ」と結論づけています。どちらかが買収した、されたというM&Aではその後の組織運営がうまくいきません。同社は譲渡企業の社員が人を大切にする経営という価値観と評価を受けることができることで双方のシナジー効果を発揮して組織力を向上させてきたのです。

そのうち一社は近藤会長の知り合いの会社でした。三〇年余り家族経営をして立派な会社に育て上げました。しかし、後継者が不在で、社員の中にも経営を引き受ける幹部はいませんでした。そこで、希望する社員と海外四社の取引先を引き継ぎ、社長には顧問として引き受けた社員の相談に乗ってもらうようにしました。

社員と取引先を引き継いだ事業譲渡の事例ですが、同社にとっても新たな商材を得る好機となり多角化に成功したのです。

また、二社目は人的につながりのある同業他社の業績悪化を支援する形で吸収しました。その会社からは六名の社員が移籍して、当時一七名の社員と合わせて二三名になりました。

ちなみに現在の宇塚達也社長はこの時に入社した社員の一人です。

同社は今後も人を大切にする経営をベースにして積極的に友好的M&Aを展開し、成長を図って行く計画を立案しています。

2. 社員を幸せにするための財務戦略

財務戦略への取り組みが不可欠な時代

企業経営において財務は、論語とそろばんと並び称されるように、企業活動の一翼を担うものです。中小企業においては、経理担当者として記帳や試算表を作成する社員はいても、そのお金の流れを掴み、どのように運用するかまで網羅的に把握できる担当者がいる企業はまだまだ少ないのが現実です。

しかし、今後は試算表や決算資料を作成するのみではなく、成長を目指す企業であればM&A対応を含めて投資に関する財務的判断を行っていくことが求められます。従って、財務に詳しい専門家や担当者を社内で育成する視点が必要になってきます。また、中小企業において長期的に安定した経営を行っている会社では、社外に財務のアドバイザーを抱えているものです。

先ほどの日本レーザーの近藤会長は「戦略やビジネスモデルを実行するのが人材であり、裏付けるのが財務だ」と言っています。つまり、事業戦略を立案するにも、M&Aを実行するにも財務の知識やノウハウがないと絵に書いた餅になってしまうということです。

かつては会計事務所や取引のある金融機関などが分析してアドバイスすれば済んでいましたが、これから経営者は当然、経営幹部に至るまで財務の能力向上が求められます。また人を大切にする経営においては、以下の三つの財務指標が重要だと言われています。まずは売上高経常利益率、次に一人当たりの生産性、そして自己資本比率です。この三つを毎年高めていくことが、地域において必要とされる企業になる財務的ポイントです。

この取り組みを続けて一〇年も経つと、同業他社と比べて利益率が桁違いの特殊な会社と呼ばれるようになってきます。そのような状態になれば、経常利益率が高いため採用や新商品開発などに十分な投資を行えます。

一人ひとりの生産性が向上しているということは、教育や育成システムがうまく機能しているということです。また、自己資本比率が高ければ、今回のように環境が激変しても十分に持ちこたえられます。これらの指数について長期的に計画を立て、向上させていく取り組みを行うことがポイントです。

企業成長に必要な財務のあり方

①自己資本比率を高める

自己資本比率は貸借対照表の「他人資本／純資産」で求められます。長期的視点で経営を良くしていく、社員とその家族を守っていくためには最も重要な指標です。この指数が低い場合は、財務基盤が外部環境の変化に弱いことを示唆します。自己資本比率を高めることで社員に安心を与える、長期的ビジョンで投資を行うことなどが可能になります。

人を大切にする経営を実践している企業では、この指標が平均して五〇～六〇％、高い会社では八〇％に達するという事例も枚挙にいとまがありません。

その結果、同業他社が真似できない設備投資やお客様への手厚いサービスが可能になるのです。当然社員の待遇も他社より良くすることができ、働きたいとやる気のある社員が向こうからやってくるので高い採用コストを掛ける必要もなくなる好循環が生まれます。

②未来経費を投下する

この経費は未来への投資を意味する経費です。言うなれば将来への種まきです。商品・サービス開発などの研究・試作費や社員の能力向上に資する社員教育費・研修費などが未来経費にあたります。

上場企業においては、これらの経費は一定額年間の事業計画で盛り込まれていますが、中小企業においては、少ないどころかゼロという会社も多いです。第2章でも取り上げた通り、人財育成費や研究開発費は必要経費として計画すべきで、景気の変動などにより削ってしまうなどは本末転倒なのです。

③一人当たりの生産性を高める

指数に生産性と名付けられていることからもわかる通り、生産性の向上を端的に表す数値です。売上高労働生産性や付加価値生産性と呼ばれ、社員一人当たりの売上高や付加価値額のことを言います。

しかし、この二つの指標においては、本来、一人当たりがどれだけ実利を稼ぎ出しているのかがわかりません。必要な点は粗利益や経常利益を一人当たりいくら稼いでいるかが重要です。この指標を年々高めていく経営を行っていくことで、真の生産性向上を図ることができます。

そして、利益についての考え方として、利益は会社の活動によって得られた結果であることから、短期的な金額で一喜一憂しないことが重要です。しかしながら業績を上げていかなければ、長期的に社員とその家族を幸せにはできません。また、「うちは経常利益率二〇%です」などと利益率が高いことを自慢げに話す経営者もいます。しかし、その会社の財務を見てみると社員の給料が地域平均や業界平均に比べて低いことが多々あります。これではいくら利益が出ていてもいい会社とは到底言えません。

指標とするべき利益率は経常利益率で七~一〇%といったところでしょう。このレベルの経常利益率があれば、先ほどの三つの指数を満たしながら財務基盤を確立していくことが可能です。

さくら住宅では、顧客の口コミで企業業績は安定して推移しています。しかし、同社ではたとえ一〇%以上の経常利益が出せる期であっても、社員に還元するため、それ以下の経常利益率に抑えるようにしています。社員に還元することで、さらなるモチベーションの向上と財務基盤のバランスをとっています。まさに利益を目的としないお手本のような財務的取り組みです。

財務のノウハウで社員を不幸にしない

今後の企業経営においては単なる数字やお金の管理ではなく、経営理念に沿った五人の幸せを念頭に置いた活動を心掛けなければいけません。業績が厳しい際には当然、財務的観点からはコストを削減することが利益を上げる上では重要ですが、未来経費などを削減してしまっては、将来に向けての成長が期待できなくなります。

往々にして、銀行などからコスト削減のアドバイスを受けて、財務コンサルタントが経費の削減を目的とした経営計画を立案した際に、こうした避けるべき事態が起きがちです。経費削減が目的化してしまい、企業にとって重要な活動ができずにモチベーションが下がり、離職者が続出したり、ひどい場合には精神的な病に陥ってしまうことすらあります。財務のノウハウは紙一重で、社員を不幸にしてしまうことが経営の現場ではよくあるのです。

さらに、生産性向上という錦の御旗のもとにこれを行えば、社員は逃げ場を失い、不具合やクレームを隠すようになり、将来的には不正の温床にもなるのです。まず経営者はこの点を理解した上で、財務の知識を習得していくことが必要です。

財務機能の強化は生産性向上において重要な機能ではありますが、ひとたび打ち手を間違えれば組織文化が崩壊してしまうほどの影響を及ぼす繊細さを持っています。経営者が財務の知識を習得していれば対応は十分可能となりますが、経営幹部に財務に長けた社員がいると心強いです。後継経営者などは、早くから自分の代になった際の財務担当者を探しておくことが重要です。

大切なのは数字に強い社員の育成

財務における投資の意思決定は、儲かるか儲からないかより社員を幸せにできるかで判断することが正しい経営です。財務を知っていれば知っているほど、どうしても投資に対するリターンという視点で考えてしまいがちです。

しかし、単に効率化を図るだけ、儲かるから投資をして人員を減らすなどという判断軸ではいけません。投資の意思決定は幸せ軸で判断する必要があるのです。

また、多くの中小企業、特にオーナー経営の企業においては、経営幹部にすら決算データを開示していない会社がまだまだ多数派です。「どうせ開示しても社員には理解できないし、もっと給与を上げろという社員が増えるだけ」という理由から、多くの企業が開示には消極的です。

しかし、社員の側からすれば、自分があとどれだけ頑張ればボーナスが増えるのか、また経営計画の目標に対してどれぐらい進捗しているのかを知っていることで、モチベーションも高まります。

さくら住宅では試算表を社員全員に配布しています。二宮社長は「財務データを経営幹部がわからないような会社が人を大切にする経営などできるわけがない」と語っています。

そのため、同社では新入社員や中途で社員が入社した際には必ず、決算書の読み方の勉強会を計六時間開催しています。そこで、これから働く自社の損益状況や内部留保がいくらあるかを学びます。途中入社するこれまで決算書など見たこともない社員は「初めて見ました」「入社してこのような勉強会があるとは驚きました」と口をそろえて言います。

財務の開示に関する項目は、日本でいちばん大切にしたい会社大賞の審査基準においても審査項目として取り上げられています。

3. 新しい金融や資本政策の仕組みを活用する

「第三者承継支援総合パッケージ」

中小企業を取り巻く金融環境は大きく変わってきています。二〇一九年一二月二〇日に、「第三者承継支援総合パッケージ」が発表されました。

この一環で、保証協会の保証付融資を受ける際第三者が事業の譲渡を受けた場合、経営者の個人保証を原則免除する取り決めがなされました。これにより第三者承継が行いやすくなるとともに、小規模企業の事業承継が加速度的に増えてくることが予想されます。

ここへきて親族が承継するという時代から、同族以外の第三者である社員や社外の関係者などのケースがここまで著しく増えています。そのため、制度自体を大幅に見直す必要があったのです。

これまでは日本の中小企業金融において買収資金という融資の種類はありませんでした。あくまで融資をする会社の信用力をもとに、担保価値や譲渡企業の財務内容などを勘案してM&Aに関しての融資を行っていたことが実情です。

しかし今後は、大企業が行うようなLBO（レバレッジド・バイアウト）のように、譲渡企業のキャッシュフローを返済財源として譲渡代金を調達することも可能になってきます。

株の買い取り資金などの資金調達が容易に行えるようになれば、同族以外の社員や外部人材の登用により事業承継が行われやすくなります。そして、その際にハードルとなっている連帯保証人も必要ないケースも増えてくるでしょう。

「経営者保証に関するガイドライン」

日本における中小企業の資金調達は、銀行などの金融機関からの融資が一般的です。出

表：政府系金融機関※における「経営者保証に関するガイドライン」の活用実績

	平成26年度		平成27年度		平成28年度		平成29年度		平成30年度	
	件数	金額（億円）	件数	金額（億円）	件数	金額（億円）	件数	金額（億円）	件数	金額（億円）
①新規に無保証で融資した件数・金額	41,860	14,801	52,911	18,950	73,210	29,638	69,801	26,189	69,295	24,921
②新規融資件数・金額	219,099	60,457	220,628	58,795	226,266	59,484	206,926	50,646	192,091	47,326
③新規融資に占める経営者保証に依存しない融資割合【③=①/②】	19%	24%	24%	32%	32%	50%	34%	52%	36%	53%
④保証契約を解除した件数・金額	5,205	4,761	3,662	3,541	2,765	3,019	2,853	3,256	2,674	3,436

出典：中小企業庁HPより一部筆者加工
※日本政策金融公庫、商工組合中央金庫

資という形で資本を募って調達するケースはまだまだ少数です。しかし、中小企業金融を取り巻く環境は大きく変わってきています。

日本の中小企業においては、借り入れを行う際に経営者の個人保証を取ることはモラルハザードの観点から必要とされてきました。

しかし、個人保証が事業承継、特に第三者への承継やベンチャー企業の成長の妨げになっているとの観点から、平成二五年一二月に「経営者保証に関するガイドライン」が制定されました。ガイドラインには法的拘束力はありませんが、金融機関や各都道府県の保証協会などの公的機関はガイドラインをもとに融資制度を設計してきています。

上記の表は政府系金融機関（日本政策金融公庫、商工組合中央金庫）の融資取扱い件数における無保証融資の件数や比率です。

この表からは、新規融資に占める経営者保証に依存しない融資の額や比率が年々上がっていることがわかります。ガイドラインでは、以下の三つの点を経営者保証に依存しない融資を一層促進するために必要な経営状態として挙げています。
＊法人と経営者との関係の明確な区分・分離
＊財務基盤の強化
＊財務状況の正確な把握、適時的確な情報開示等による経営の透明性確保
つまり、経営者と法人の貸付金や資金のやり取り、固定資産などが明確に区別されていること、黒字であり継続的に収益を上げており、自己資本比率も高く維持されていること、財務資料などがそろっており、定期的に情報交換がなされていること、などの要件が必要になります。

つまりこの三つを満たせる企業の場合、既存の個人保証も免除できるということになります。

個人保証の四つの弊害

この個人保証制度からの脱却を、経営者保証のガイドラインが制定される前から行って

きた会社が日本レーザーです。同社は、親会社から独立する際に六億円の個人保証を金融機関から求められました。それまでは六億円の運転資金借り入れがありました。

近藤会長は相当の覚悟を持って個人保証を引き受け、本業で利益を上げて、借入金を返済し、個人保証を外してもらえるようになりました。現在もこの実績から無担保、無保証の融資を行ってもらっています。

今ではガイドラインが制定され、個人保証を必要としない融資も増えてきました。しかし、当時は「当行と初めて取引する中小企業で個人保証に応じなかったのは、日本広しといえども、御社が初めてです」と、あるメガバンクの役員に言われたそうです。近藤会長はお互いに信頼しあい、対応な立場で取引ができる金融機関を大切にしています。

また、同会長は個人保証の弊害を四つ挙げています

＊事業が拡大して借入が大きくなれば、個人資産ではカバーしきれない
＊個人保証があるため、事業をやめられなくなり、さらに借入を増やしてしまう
＊事業承継の際、個人保証があると後継者が引いてしまうため、スムーズな事業承継を妨げる
＊経営がどうにもならない状況に陥った場合に、早期の事業再生が阻害される

出典『倒産寸前から25の修羅場を乗り切った社長の全ノウハウ』近藤宣之著・ダイヤ

モンド社

中小企業において、代表者以外の経営幹部に事業を引き継ぐ際の保証人が事業承継の妨げになってきました。もともと、親族外の経営幹部の多くはそれほど役員報酬も取っていないですし、資産も自宅（住宅ローンが残っている）ぐらいです。実質は保証人をとっても債権保全という観点からはそれほどの実効性はないにも関わらず、承継時の条件になるケースが多く見受けられました。

これまで、経営者は金融機関が何とかしてくれるだろうとお互いに思い、なれ合いになるケースが多かったように思えます。まさに企業の永続発展と生産性向上を阻害している一つの要因になっていたのは確かです。したがって、企業を成長させる段階で財務内容を健全にし、ある段階で卒業できるようにしていくことが大切です。

セリオ壹岐社長の同族企業での資本政策

また、今後の経営のあり方として、オーナー経営から脱却する際、第三者が承継するケースにおいては、資本政策という観点がとても重要になってきます。

岡山県岡山市に本社のあるソフトウエア事業を手掛けるセリオの壹岐敬社長は、二〇〇五年、当時の社長から要請を受け経営企画部門の責任者として同社に入社しました。しかし、その五年後、当時五四歳のオーナー社長の急逝に伴う同族企業の混乱を収束すべくMBO（マネジメント・バイアウト）を実施するに至ります。

壹岐社長が入社した当時、セリオは、一〇〇〇人近い社員を抱える中堅の企業グループでした。株主、役員ともにすべて創業者一族が占めていましたが、資本政策は検討されておらず、株式の過半数は会長であった創業者夫妻が所有していました。

入社直後、そうした株主構成を見て、壹岐社長は、これは創業者が亡くなった際に、ゴーイングコンサーン上の最大の障害になると感じていました。なぜなら、事業承継の際に同族間で争いが起こると、その会社の企業価値は劣化し、最悪の場合、経営破綻に向かっていくからです。

また、相続対策で節税の視点から事業承継対策を進めると、テクニック論に終始してしまい、その後の経営を継続していく上で様々な制約が生じます。

壹岐社長は、このリスクを回避すべく、現社長がホールディング会社を設立し、一族に分散していた株の約八〇%を買い取る資本政策を立案しました。他社の様々な事例を参考に出しながら一族の同意を得て、丸二年かけて社長へ株式の譲渡を完了させたのです。

しかし、突然まさかの事態が訪れます。極めて壮健だった社長が急性白血病で五四歳の若さで亡くなったのです。社員にも取引先にも入院したことすら伝える間もないほどの急逝でした。

その後、後継社長に誰がなるのか、一族間で意見が一致せず、約一カ月間、社長不在のまま推移し、社葬だけが盛大に終了しました。

社葬の翌日、新オーナーとなった奥様のたっての要請で、壹岐社長が暫定的に社長に就任しました。しかし、ワンマン経営者だった前社長がいなくなった会社は糸の切れた凧のようになり、同族役員や古参幹部の間で不協和音が拡がっていきました。

そんな状況の中、最大の取引先であった大手家電メーカーから、同社の業績不振を理由に突然取引停止を通告されます。この際に壹岐社長は人生で初めてお客さんを罵倒したといいます。しかし、契約的にはなすすべもなく、最終的に五〇〇人の社員をリストラせざるを得なくなりました。しかも追い打ちをかけるように、対立していた創業家から訴訟を提起されます。

心底疲れ果て、いつ辞意を表明しようか考えていた壹岐社長は、ちょうどそのころ出版された坂本光司著『日本でいちばん大切にしたい会社3』（あさ出版）と出会います。

そこに掲載されていた徳武産業や日本レーザーの事例を見て、「社員を幸福にするためだけの経営をしようと思うので話を聞いてほしい」と、坂本会長にメールを送りました。

その後、直接面会の機会を得て、強く励まされると同時に、随行して優良模範企業を多数訪問する機会を得ました。

そして、自分も必ずや過度な価格競争やリストラで人を不幸にする経営ではなく、人を大切にする経営に舵を切ることを決意しました。そして、その前提となるＭＢＯを実施してオーナー経営から脱却することを決意したのです。

そして、一年後、新たに経営理念を「社員の幸福実現」と制定し、人事制度、給与制度、権限規程等を一新すると同時に、経営計画を見直して、自社のＩＴ領域におけるコア技術を確立し、取引先の分散化や安い料金での下請け仕事などを徹底して排除していく改革的イノベーションを断行しました。

＊理念実践のためのイノベーション

＊透明な経営実現のためのイノベーション

＊業績を追わない経営を実現するためのイノベーション

それは、あまりにも大きなビジネスモデルの大きな改革でもあったため、「これまでのやり方と違う」、「自分の仕事の領域が侵される」と去って行った幹部や社員もいました。

しかし、残った社員とともに現在では地域を代表する企業に成長を果たすことができました。

日本で初めてＭＥＢＯをした日本レーザー

先に紹介した日本レーザーは、二〇〇七年日本で初めてＭ＆Ａの一種であるＭＥＢＯ（マネジメント・エンプロイー・バイアウト）で株式を承継させた会社でもあります。通常は親会社などから分離、独立する際に経営陣と社員で会社の株式を取得し経営を行っていくことです。

かつて、同社は日本電子の子会社でした。近藤会長は自分で資金を出して「ＪＬＣホールディングス」を設立し、この会社で日本レーザーを買収する計画を立てたのです。

その後、社内で出資者を募って役員持株会、従業員持株会を設立し最終的には日本電子を含めた三者が株主に。そして、それぞれの持ち分は日本電子一四・九％、役員持株会五三・一％、従業員持株会三二％となりました。

その結果、ＪＬＣホールディングスの株の八五％以上を日本レーザーの九五％以上の社員で保有することになりました。その後、新入社員やパート出身社員までも株主になるというＭＥＢＯのモデルになったのです。

日本ではまだまだＭＥＢＯの事例は少なく、特に株の所有権はオーナー経営者一族で相続していく場合がほとんどの、中小企業においてはまれなケースです。

そのため、事業承継や相続に詳しい専門家やコンサルタントでも、アドバイスできるケースはほとんどありません。経営者がこの仕組みを知り実施する場合には、大手のコンサルティング会社やシンクタンクに依頼するケースがほとんどです。

セリオは二〇一四年七月、代表取締役である壹岐社長が設立した「セリオホールディングス」と役員、幹部が設立した「セリオ株式会社役員等持株会」によって、発行済株式総数のすべての株式を取得するMBOを実施しました。

この時点でセリオホールディングス五一％、セリオ株式会社役員等持株会四九％の持ち分に移行されました。

そして、最後の仕上げとして二〇二〇年七月に、新たにセリオ株式会社従業員持株会を設立します。セリオ株式会社役員等持株会と合わせて、セリオホールディングスの所有株式のすべてを取得する形でMEBOを実施します。実施後の持ち株比率はセリオ株式会社役員等持株会八二・五％、セリオ株式会社従業員持株会一七・五％の持ち分としました。

社員が株主であれば、業績が厳しくても人員整理などのリストラを行うことができなくなります。また、創造的業務への取り組みが増えます。さらに、社員にオーナーシップ精神が醸成され、自分の会社だと考えるようになり、当然モチベーションもあがります。

同社の取り組みは社員とともに会社を引き継ぐ際のモデルです。社員の創造性を発揮することにより生産性の向上が図れ、企業が良くなっていく過程が理解できます。単なるコスト削減や人員整理だけでは企業は続きません。ただ、その際に財務かつ資本政策の観点から理解して取り組むことが重要だ、と教えてくれる事例です。

4. 地域金融機関とともに成長する

地域には金融支援の需要がたくさんある

中小企業が成長していく過程においては、地域金融機関による支援が必要になってきます。かつて地域から全国に展開した企業の多くが、早い段階から地域金融機関と良好な関係を築いてエリアを広げていきました。その存在は、いうなれば地域の裏方と言えるものです。

しかし、地域金融機関はこれまでにない変化にさらされています。低金利による収益悪化、人口減少など地域における課題の影響を真っ向から受けています。そのため、旧態依然としたビジネスモデルを変える必要性が高まっています。

現在では金融機関はどこでも同じようなサービスを提供しているように思えます。多くの経営者からは、「かつてのような親身になって相談に乗ってくれる銀行員は少なくなった」という声を数多く聞きます。

創業者や後継経営者にヒアリングすると、必ずと言っていいほど資金面での悩みが上位に上がります。それだけ悩んでいる人がいるという事実は、地域に金融支援という需要があるということを端的に示しています。

ところが、いまだに多くの金融機関は短期的な収益を上げることに終始し、人員削減等の効率化と称して企業との信頼関係や取引関係を希薄化させています。これは、まさにこれまで述べてきた生産性向上のための効率化、集約化の弊害です。

しかし、そのような中でも、地域で支持されている金融機関には共通点があります。ここでは事例を交えその共通点を見ていきます。

「地域のよろず相談所」但陽信用金庫

兵庫県加古川市に本店を置く但陽信用金庫は、地域に密着した金融機関です。「よろず相談拠点」を設け、地域の顧客から無料で相談を受け付けます。相談所では年間約八〇〇〇件の相談を受け付け、「地域の町医者」「地域の交番」「地域のよろず相談所」をモットーにしています。

今回の新型コロナウイルスに対する対応も素早く、約五八〇〇の融資取引先事業所に対して、徹底したヒアリングを行い資金繰り支援は当然ながら、補助金など各種支援も一緒に行っています。

さらに地場産業の靴下組合と共同で切れ端とハンカチを組み合わせてのマスク作成の材料をエリア内四万人の中学生に配布するなど、地域に対して何ができるかと言うスタンスで取り組んでいます。

徹底した職員教育により、オーバーバンキングと言われて地域金融機関の存在意義が問われている時代に、業績を伸ばし続けています。

業務については融資業務の本業に特化し、困った時には必ずお役に立つという精神で相談に応じています。一見非効率に見える活動ですが、その分顧客との関係性が構築され相手を知っていることが強みになります。

同信金においては一〇年前から「知的資産経営支援」を行っており、財務データには表れない、取引先の目には見えない価値を可視化する取り組みを行っています。これにより、ビジネスマッチングや販路拡大など、より効果的な支援が行えるようになるのです。

ある後継経営者が父の病気を契機に地場産業である家業を継ぐことになりました。しかし、後継者が事業を引き継いだ業界は供給過多、価格競争と経営は苦しい状況が続いています。

そんななか、営業担当者が後継経営者に同信金主催の「知的資産経営支援セミナー」への参加を促しました。そこで後継者は、担当者と自社製品の強みや長年の取引先の関係性などを検証、製造方法の改良などを行い自社製品の優位性を徹底して追求したのです。もともとIT企業に勤務していた後継者は新しいことを企画し、取り組むことは得意な分野です。その後、数々の新商品を開発し、直売店をリニューアルすることで売上高が好転、顧客数は六倍、来店客数は一五倍に増えたと言います。

このセミナーは地域でも評判を呼び社長から新入社員まで全社員が参加している会社や取引のない企業からの申し込みもあると言います。二〇二〇年三月末までに約一四〇〇社が参加し、担当者と取引先との信頼関係の構築にも大きく貢献しています。

業務のことだけを考えるのであれば金融に関することのみ相談に乗ればよいのでしょう。しかし、同信金はそうではありません。必要があれば一緒に考え、取引先の事業者を紹介するなどのビジネスマッチングまで、無料で手掛けているのです。

デジタル化や地域人口の減少など外部環境を考えれば、これから地域金融機関は店舗数を減らし、職員の数も減らしていくことになるでしょう。しかし、決して地域から金融機能が必要とされなくなったわけではありません。地域の中小企業にとっては今後も融資は重要な資金調達手段です。また、キャッシュレスが進んでも金融機関の口座を使って決済を行うことには変わりはありません。

ただ、お客様との関係性が希薄になり、安心して任せられる金融機関がなくなってしまったのです。

同信金には過度なノルマはありません。さらに人員は他の金融機関と比べて二割ほど多く配置しているというのですから驚きです。その分、お客様に一見過剰ともとれるサービスを提供することがルールになっています。

地域での営業活動はフェイス・トゥ・フェイスです。同信金では取引先を親戚と呼んでいます。この親戚に対して「人員を減らしましたので、もう訪問できません、条件が合わないので融資はできません」と言ったらどうなるでしょうか。

全国展開のチェーン店であれば致し方なしと引き下がるかもしれません。しかし、地域での関係性が濃い分不満足度は高まります。その積み重ねが企業情報のやり取りや、融資時の情報収集を困難にしてしまうのです。

地域金融機関の強みはいかに相手の会社や顧客を知っているかです。同信金はこの考え方を守り続けているため業績も伸びているのです。

融資は実質出資と考える

中小企業の資金調達は金融機関からの借り入れが中心です。そのため、金融機関との財務情報などの共有は、前項で述べた通り重要な取り組みとなります。

多くの中小企業においては経常運転資金などは継続して、融資を受け続けていくことになります。そのためお互いの情報交換を頻繁にして、財務状況や目に見えない価値を共有する取り組みが金融機関の役割です。

出資と貸し出しでは大きな認識の違いがあります。貸し出しは企業の業績のいかんに関わらず返済してもらえればよく、赤字か黒字かどうかは審査の基準にはなっても金融機関には痛みはありません。

しかし出資という認識では、企業が発展していくことが重要であり取引先を紹介し、販路拡大の支援をするなどの必要が出てきます。そのため、貸している以上は、自分に責任があると考え、様々な改善策などにも一緒に取り組んでくれるでしょう。

もし今、そのような金融機関や担当者に当たったらとても幸運です。当然、外的環境によって業績が一時的に悪くなっても、急に返済を求めるような取り組みはしないでしょう。お互いの日ごろからの関係性が、このような変化する環境下においては重要になってくるのです。

外部の専門家と中小企業をつなぐ役目

今後、ポストコロナにおいては外部環境の変化に適応するために、多くの会社がビジネスモデルを変える必要性が出てきます。飲食店のデリバリー事業、中小製造業のＥＣによる販路拡大などの取り組みが挙げられます。

その際、地域金融機関は融資で企業の事業転換を支援することになります。そのためアドバイスやコンサルティング機能の発揮が求められます。

同信金では多くの外部専門家と連携して企業の課題解決を一緒に行っています。例えば税理士の紹介や、法律の問題が生じたら弁護士というように、様々な専門家を紹介しています。

中小企業が自ら専門家に相談に行くのは、かなり敷居が高いものがあります。そのようなニーズをくみ取って中小企業のコンサルティング支援についても力を入れているのです。自分で足りないところは外部専門家と連携して課題解決してくれる、同信金のような金融機関が地域に存在するか否かが、その地域の中小企業の盛衰を分けることになるのではないでしょうか。

さらに金融機関の役割として今後、地域内での中小企業の集約化や事業承継の支援というテーマが増えてきます。どの金融機関も金利収入の低下を補うためのフィービジネスとしてのM＆A支援に対して熱心です。

しかし、中小企業はそのようなサービスを提案された際に、きちんと善し悪しを見極めた上での判断が必要となります。事業承継やM＆Aは専門性が高いがゆえに、金融機関の方が情報優位にあります。そのため、日ごろからの小さなサービスの対応や親身になって相談に乗ってくれているかを踏まえた上で、依頼先を選ばなくてはなりません。

取引している金融機関がそのような対応をしてくれているのであればそれは幸運です。財務についての相談やビジネスマッチングの依頼をどんどんすると良いでしょう。今後は地域の事業譲渡企業などの情報収集なども、面談時に相談しておくことをお勧めいたします。

やはり、地域の情報は地域金融機関に集まっています。これまで述べた取り組みを行う地域金融機関が、これからも地域企業の支持を受け続けるでしょう。

エピローグ

「社会課題」の解決を担うのが中小企業

水沼啓幸

❖アメリカの主要企業の価値観が大転換

ポストコロナにおいて大きく環境が変わっても企業経営の目的は五人の幸せの実現にあることは変わりません。二〇一九年八月一九日には、ＪＰモルガン・チェースやアップル、ウォルマートなど、アメリカの主要企業が名を連ねる財界ロビー団体「ビジネス・ラウンドテーブル」が「どのステークホルダーも必要不可欠な存在である。我々は会社、コミュニティ、国家の未来における成功のためにそれら全員に価値をもたらすことを約束する」と述べました。

さらに、企業が基本的責任を果たす相手として顧客、社員、取引先、地域社会などのコミュニティ、株主という人を大切にする経営が指し示す五人が具体的に挙げられたのです。これは「企業の役割は株主利益の極大化にある」という、企業経営において約半世紀続いた価値観の大きな転換となりました。

人を大切にする経営学会には最近、「日本の中小企業から学びたい」と、タイ・中国などから経営者、社会人大学院生が定期的に企業視察に来日しています。参加者の皆さんは大学やビジネススクールで学ぶ経営学では経営がうまくいかず、探し求めた末に日本の中小企業経営にたどり着きます。そのことからも人を大切にする経営は世界的な流れになりつつあるのです。

人を大切にする経営は、日本においては老舗企業や業歴の長い企業においては当たり前のように取り組んできた歴史があります。しかし、バブル崩壊以降は企業経営におけるあり方の主流が株主第一主義となり、中小企業においても大企業のグローバル競争や利益極大化の戦略に追随するようになっていきました。

しかし、ポストコロナにおいては、大半の企業でこれまでの業績に関わらず急激な環境変化に対応する必要性を迫られています。これまでは親会社や取引先の言うとおりに商品や製品を提供することで何とか維持していた企業が、生き残ることは難しいでしょう。

これからは、業種業態に関係なく、売上や利益ではなく人を大切にする経営を実践できるかどうかが、大きく問われていると言っても過言ではありません。

特に地域においてはポストコロナへの対応だけでなく、人口減少局面の中でどのように持続可能な発展をもたらす環境をつくっていけるかどうかで将来が決まってきます。そして、その際に地域の人を大切にする経営を実践する企業の数は、ますます増えていくと考えています。

❖安心して働ける職場になっているか

日本はリーマンショック、東日本大震災、そして新型コロナウイルス禍と、地域の中小企業はこの一〇年間の危機のたびに、経営革新を図り続けてきました。しかし、その過程におけるコストの削減やリストラで、人的資源や新商品開発など将来への投資なども抑制されてしまいました。

企業活動の目的が幸せにあるならば、お金は人が幸せになるための手段であって目的ではありません。働く人や地域で生活する人が幸せになることが何よりも重要です。本来、中小企業はこのような視点を持って経営していくことが何よりも重要です。

最近、「心理的安全性」というキーワードが企業経営においてよく用いられます。もともとは心理学用語ですが、世界的な企業であるグーグルなどの働き方が注目され、日本においても働き方改革を実践する過程で多くの企業がキーワードにしています。経営においては働いている人が不安や恐れを感じることなく、自分の言いたいことなどを言える、または行動ができる状態にあることを言います。

例えばノルマや経営者や上司の圧力が強すぎると、当然心理的安全性は満たされない会社になっていきます。しかし、中小企業、特にオーナー企業などにおいて、心理的安全性を満たす会社はまだまだ少数に留まります。

さらに、今後は地域においての社会的資本としての役割が必要とされてくるでしょう。つまり、社員を採用教育して育成し、地域の経済の担い手として働いて賃金を支給するだけの存在ではなくなってきます。

企業は地域コミュニティとしての役割、教育機関としての役割、そして社会の公器としての存在にならざるを得ないのです。そのために、目先の売上や利益よりも社員が安心して働き続けられる場をつくることが、昨今の危機的状況の中でも何よりも重要なのです。

❖子供の数は人を大切にする経営で増やせる

今、日本では大幅な人口減少が続いています。さらに、二〇一九年の出生数は戦後最少の八六万人でした。このままでは現役世代の負担は増え、深刻な未来が訪れることは確かです。今後、中小企業経営にとっても大きな影響をもたらします。

昨今の地域における中小企業における人手不足も、数少ない若者が都市部に就職してしまうことに起因しています。都市部への一極集中という問題はポストコロナで地方回帰の流れが起きることで緩和される可能性はあります。しかし、中小企業が主体的に解決策を講じていかなければいけない課題でもあります。

この課題に対して二〇一八年に「人を大切にする経営学会」主催の「人を大切にする経営大学院事業」において、「この会社はなぜ社員の子供の数が多いのか」という調査を行いました。その結果「業績ではなく関係する人々を大切にする経営を行っている会社」「関係する人々が自分たちは大切にされていると実感している会社」「モチベーションが高く、働きがいを実感している社員が多い会社」では、子供の数がそうでない会社と比較して多いことがわかってきました。

人を大切にする経営を実践している全国の五一社にヒアリング調査を行ったところ、調査を行った各社の社員の子供の数の総平均は一・九人という結果が出ました。調査対象の企業において最も子供の数が多い企業では社員一人当たり二・三三人、二・〇以上の企業は全体の三分の一を占めるという驚くべき結果になったのです。

つまり、出生数の大幅な低下は、保育所の不足や経済的問題よりも、働いている会社の経営のあり方や取り組みに問題の本質があると結論づけられました。

ここから、就業者の七割を占める中小企業が人を大切にする経営を実践し、その取り組みが全国に広まることが人口減少問題の解決方法の一つとしても有効だと言えるでしょう。そして、国や公的機関からの補助金など外的な支援施策ではなく、中小企業が自ら取り組むことで解決することができる課題だということがわかります。

❖安心して子供が育てられる会社・琉球補聴器

沖縄県那覇市に補聴器の専門店を展開する琉球補聴器があります。離島を含め、沖縄県内に八店舗を構え、県内では七〇パーセントのシェアを誇る企業です。通常は眼鏡販売店が補聴器を扱うケースが多いですが同社は補聴器に特化しています。これは創業者の森山勝也相談役の「補聴器は深い知識や技術が必要で、専門性が高く、単純に販売する商材であってはならない」という強い想いからです。

毎朝全社員で一時間に及ぶ朝礼からスタート。仕事での気づきや、家族との出来事などを共有し合います。一般に朝礼と言うと、業務連絡や上長からの指示など仕事に関する情報共有が目的ですが、同社の朝礼は一日のモチベーションを高めるために行います。

現在四七名（男性二一名、女性二六名）の社員の内、子供のいる社員は二三名おり、子供の総数は五一人で、平均二・二二人となっています。

「先輩社員の多くが子供を持ち、家庭円満に過ごしている姿にあこがれて入社しました」

「この会社であれば安心して子育てができると思いました」という社員からの声が上がります。同社では毎月各家庭へ、子供一人につき一定額の「子育て応援手当て」を支給し、子供が生まれた男性社員へも育休制度を奨励しています。また先に紹介した朝礼には、社員の子供も参加することができ、子供にとっては普段家庭では見せることのない社会人として輝く親の横顔を見る体験をします。

そして、現代表者の森山賢社長が率先して子供の年間行事に参加し、社員も参加しやすい雰囲気をつくっています。地域に安心して働ける職場が増えれば、自然と生まれてくる子供の数も増えやすくなります。しかし当然このような環境や待遇をつくるための業績は必要です。

同社のサービスの強みは、補聴器専門で培ったフィッティングと呼ばれる補聴器調整の技術です。補聴器はその人の聴力に合わせた音質設定を行うことが難しく、使用者は補聴器に対し聞きづらさなど、何らかの不満を抱えているといいます。その不満を解消するための調整技術を、社員は日ごろから研鑽しているのです。さらに設備面でも聴力測定を行う専門機器の充実に努め、物心両面での顧客満足を追求しています。

また、同社は二四時間三六五日、顧客に寄り添う姿勢で、他社にはまねのできないサービスを実現し、高い顧客満足を生み出してきました。

そのため創業以来三三年、黒字かつ無借金の経営を続けており、安心して働ける職場、経営のあり方で変えられる、人口減少への対応策がここにあります。

❖いい会社に変えていくには一〇年かかる

よりよい会社を作っていく近道はなにか、よく多くの経営者の方からご相談いただきます。いい会社になるためには、まずいい会社から学ぶことが近道です。

現在いい会社と呼ばれる会社も、最初からいい会社であったわけではありません。会社の危機や経営者の人生の転機をきっかけにいい会社への変革の取り組みを始め、それから時間を経て次第にいい会社になっています。

業績は結果であり、人を大切にする経営を長期的に実践している企業は業績も高く、生産性も向上していきます。短期的な効率や業績を志向する会社は、長期的に見て長続きしません。そして、社員の側から変えようとしても会社を変えることはできません。経営者一人ひとりが人を大切にする経営を学び、実践することでしか会社は変わらないのです。

当然基礎となる経営知識やスキルは仕事の上で必要になります。しかし、そのあり方や長期的視点に立った考え方は、経営者が自分で身につけていく必要があります。

では「いい会社になる取り組みを始めてから、どれぐらいの時間で成果が出てくるのか」。これもよくいただく質問ですが、目に見えるのは早くて三年、企業文化や会社そのものを根底からいい会社に変えていくには、やはり一〇年はかかるでしょう。

セリオは壹岐社長が代表者に就任し、二〇一三年に朝礼で「社員の幸福を実現する」と経営理念を宣言し約七年間で地域の優良企業として不動の地位を築きました。「日本でいちばん大切にしたい会社」と出合い、「心からこのような経営をしたい」と望んだことがきっかけです。

「社長は社員の幸福を実現するプロジェクトの最高責任者であり、その使命を果たすべく努力し具体的に成果を挙げる義務があり、役員や幹部は、自分の担当する部門の社員の幸福を実現する責任者、そして社員は、幸福になる義務があり、自分と他の社員、そして自分の家族がともにどう幸福になっていくべきかを考えて努力してほしい」といつも社員に語っています。

そして、社員に対しては教育の一環として、いい会社と呼べる全国の会社を見学に行くための予算を計上しています。社長がまず学んで変わり、その学びを社員と共有していく中で会社が変わっていく好循環の事例です。

人を大切にする経営を志し、それまでの経営のあり方を変えたことで、いい会社と呼ばれる会社になることができるのです。

❖障がい者雇用の概念を変えたＡＴＵホールディングス

地域において障がい者雇用はどの企業においても取り組む必要があります。しかし、単純作業や補助的な業務に制約されるなど、一般就労はなかなか進んでいないのが実情です。日本の法定雇用率（民間）は二・二％ですが法定雇用率達成企業の割合は四五・九％と、半数以上の会社が未達成という現実になっています。

また、雇用の機会が少ないだけでなく、賃金の面でも大きな問題を抱えています。一般就労が困難な障がい者に対し、能力向上を図るための施設として「障がい者就労継続支援事業」があります。事業所と雇用契約を結ぶ「Ａ型」と、雇用契約をしない「Ｂ型」、二つの種類の形態で支援を行っています。しかし、勤務日数や労働時間は健常者と変わらないにも関わらず賃金は低く、特にＢ型で働く障がい者の平均月収は約一六〇〇〇円となっています。

一般的な平均賃金とはあまりにもかけ離れた金額であり、自立して生活していくには困難な金額だと言わざるを得ません。

障がい者雇用を行うには、働き方や環境を彼ら、彼女たちに合わせなければなりません。多くの企業は自分たちの環境に合わせるような、会社の都合に合わせた取り組みになってしまっているのです。

しかし、人を大切にする経営を実践する企業の多くはこの課題に率先して取り組んでいます。

「日本でいちばん大切にしたい会社大賞」の審査基準においても、障がい者の法定雇用率を遵守しているかという項目があります。商品の良さや業績、社会貢献などどれだけすばらしい取り組みをしていても、この項目を満たしていなければ受賞は叶いません。障がい者雇用はそれだけ社会的価値の高い取り組みだということです。

福岡県福岡市にＡＴＵホールディングスという、多数の障がい者が警備担当する、日本で初めての警備会社があります。通常、警備会社は防犯や事故を懸念して、障がい者を警備員にすることはあり得ないことのように思えます。

同社では四九名の社員のうち約四割が身体障がい者、知的障がい者、精神障がい者です。警備の料金を安く仕事を受注しているのかと言うとむしろ逆で、単価も高く、事故率は極めて低くさらにサービス品質に対しての評価も高いというのです。そのため、各方面から問い合わせが舞い込み、毎年業績は向上し続けています。

警備業法は二〇〇二年まで、主に精神障害者を対象に「警備員となってはならない」と規定していました。適切に業務が行えないとして、資格取得や就労を制限する欠格条項の一つだったのです。しかし同年に同法が改正され、医師の診断書があれば、働けるようになりました。

同社は二〇一二年に設立され別の警備会社で役員をしていた岩崎龍太郎社長が、二〇一三年に合流し障がい者警備を始めました。最初は「障がい者が業務を適切に行えるわけがない」と言って、門前払いされるケースが多かったと言います。

ただ障がい者は記憶するまでに時間はかかるものの、一度記憶したことを忘れず、長く同じ作業を続ける能力が高いと、岩崎社長は言います。そのため「すぐに基本を忘れる健常者より障がい者は警備員として大きな力を発揮する」と確信を持っていました。

お客様は民間企業中心で行政の仕事はほとんどありません。ジョブコーチの四人中、三人が障がい者で様々な資格を取得し、コーチに当たっています。同じ障がい者なので、気持ちがわかるのです。

中には大変まじめで、「通してはいけない」と言われたら、議員が来ても通さなかった、という逸話を持つ社員もいます。難しく煩雑な警備の仕事も一つひとつの動きを分解して、教えていきます。人を止める、車を止める。複雑なようでも作業を分解することで、理解できるようになるのです。

「障がいがある人もみな幸せになりたい。幸せになるには正しく働き、利益を出して納税し、社会の役に立つことが必要です。だから補助金を受けていない会社で、税金を納めることで社員は誇りを感じるのです」と岩崎社長は言っています。

障がい者は年金をもらって生活することができます。しかし、正しく働くことで納税者になり社会に支えられる立場から、支える立場に変わることができます。そして何より幸せになれる可能性が高まります。表面上でしか感謝された経験がない障がい者が初めて幸せを感じるのは、働くより他に手段がありません。それほど働くことは尊いのです。そのことを障がい者を通じて健常者が学ぶことができるのです。同社の取組は、地域における障がい者雇用が広がることで、雇用だけではなく地域の人手不足、税収の増加など様々な課題が解決されていくことになるのです。

❖一流の人財を育てるレストラン・坂東太郎

中小企業においては、業界や業種が原因となっていい人財が採用できない、賃金を上げることができないということを言いがちです。しかし、社会の公器として会社が存在するのであれば当然、社員には教育を施し、賃金は業界以上を目指すことが必要になります。大企業に比べて平均賃金の低い中小企業、首都圏に比べて賃金の低い地域ではなおさらです。地域ではそのために最低賃金を引き上げるなど、必要な給与を支払っていくことが求められます。さらに、経営者だけが過度な役員報酬をとって社員の給与は低くて当たり前という考えは、慢性的な労働者不足が叫ばれる地域においては通用しません。

茨城県古河市にある坂東太郎は、親孝行を社是とする家族レストランを展開するレストランチェーンです。地域の信頼をベースに、「坂東太郎なら間違いがない」と住民に慕われています。

独自製法による、味噌煮込みうどんなどが有名ですが、看板商品の有無ということではなく、茨城県民にとっては、坂東太郎で食事をすることそのものが文化になっています。そのような坂東太郎の地域に支持されるサービスは、日々の社員教育から成り立っています。

同社では、女性スタッフの歩き方や立ち振る舞いはキャビンアテンダントを目標とする社員教育を行っています。しかし、このような取り組みを始めたきっかけは過去のある出来事でした。

お店の営業中に男性がいきなり飛び込んできました。そしてホールにいた女性スタッフを目の前で無理やり捕まえて出ていってしまったのです。「水商売には大事な娘を働かせることはできない」という言葉を残して。男性はその女性スタッフの父親でした。

青谷洋治会長はその男性が放った一言が胸に突き刺さりました。「飲食店で働くということはそう思われるのか」。当時はまだそのような見方が根強かった時代でした。そこで青谷会長は一流を目指そうと、男性スタッフは店舗内でもネクタイ着用を義務付け、女性スタッフには客室乗務員を招いての研修を導入することにしたのです。

「飲食業を産業として発展させるには、教育して社会人として一人前として育てることができることができて初めて産業と言えるようになる。社員の成長なくして会社の成長発展はない」と青谷会長は語っています。

❖町工場から産業観光の主役になった「能作」

富山県高岡市に本社を構える「能作」は、オリジナルの鋳造製品を柱に、今では全国に一三の直営店を設けています。かつて工場見学に訪れた親子連れの母親が子供に向かって、「勉強しないとこんな仕事しかできないよ」といった言葉を、能作克治社長はずっと忘れられませんでした。

「なぜ鋳物職人はこんなに地位が低いのか」。そう感じた苦い経験から「いつの日か、子供たちが就きたいと思う仕事にしたい」と念じ行動してきました。下請けではいつまでも職人の地位は低いと、新製品開発に取り組み、自社の技術を活かせる錫一〇〇％のテーブルウェアを開発し、世に送り出しました。

その後、直営店舗の出店などにより企画~製造~販売機能を持つ、付加価値の高い製販一体型のビジネスモデルに転換していきました。

業容は順調に拡大し、二〇一七年四月に工場併設の新社屋に移転しました。地域の産業観光を次の事業の柱に据えるべく、ショップ機能やカフェ、体験型の工房などを併設した美術館のような施設になっています。かつて下請けの町工場だった企業が、観光客を誘客する高岡の代表的な企業になったのです。

その結果、小学生の時に工場見学に来た女の子が鋳物と能作が好きになり、高校に進んだあと、「能作に入りたい」と面接に来てくれるようになったのです。今や全国から能作で職人の技術を学びたいと若者が殺到するようになりました。

同社の理念には「伝統を守りながら地域のために働いて欲しい」とあります。鋳物の可能性をさらに広げるべく、伝統を受け継ぎながらも分野を超えたモノづくりに挑戦する意気込みが込められています。能作社長は「地域での活動はすぐに結果は出ませんが一〇年、二〇年のスパンで見れば必ず結果につながっていきます」と言います。

地域の産業で雇用を行い、たゆまぬ教育・育成を行っていくことで、地域における「人」という資本が厚みを増し、その活動の結果として地域に貢献できる企業になっていきます。

そうした観点からも、収益や利益という意味での生産性だけではなく、人の育成や教育という視点からも生産性を高め、地域全体で持続可能な事業を創っていくことがますます重要になっていくでしょう。

❖地元の若手経営者や住民の学びの場「神郡塾」

これからの中小企業の経営においては、信頼を基盤に、地域の人々とのつながりがいっそう不可欠になってきます。そして、地域の社会資本として人をベースにした事業を起こすことが増えてくるでしょう。地域をよく知る、特色ある中小企業が核となって、信頼を基盤として様々な機関や人が連携することで地域の価値は最大化されるでしょう。

そしてその活動の真ん中は、やはり中小企業です。社会資本としての中小企業と住民を含んだ地域が連携することで、持続可能な地域の発展を視野に入れた事業展開が見込めるのです。

しかし、その活動は地味であり、非効率とも言えます。売上や利益と違ってまったく見えない価値が大部分を占めています。

坂東太郎は食材の仕入れ先として、地元の農家やメーカーを大切にしています。ここまでなら普通の地域貢献型の企業活動と言えますが、青谷会長は筑波山のふもとに地元の事業者と博識者との協働で学び舎として神郡塾を開塾し、多くの先達を講師に招き、真の教育者や経営者としてリーダーの育成を図ることを目的に運営しています。

その神郡塾では地域の若手経営者や学校の先生、地域の自治体の有志、若手政治家等、立場の違う方々が学んでいます。

毎回講師には各界の著名な講師が訪れ、「歴史・文化・芸術・郷土」などの領域について講義を受けることができます。驚くのは取引先以外にも多くの地元住民が毎回協力参加していることです。

「時間をかけて当たり前を続けると特別になる」と青谷会長は言います。食の分野で地域になくてはならない存在になっていることから、地域の中小企業における新しいモデルをつくっていくことでしょう。

そのひとつの形となるのが、「母の里山プロジェクト」で、筑波山のふもとにテーマパーク型の食の体験施設を形成する構想です。地域の支持を得られると、事業展開する際に大きな味方が現れるという事例です。

ただ、こうした取り組みも単に自社のために取り組んでもうまくいくものではありません。利他の心で地域貢献の取り組みを行うことにより協力者が現れ、結果として事業が形成されていくのです。

これまで事例として取り上げさせていただいた、これらの会社はますます輝きを増し、それぞれの地域や業界から必要とされるでしょう。

そして、どの会社にも共通することとしては、根底に流れる、人を大切にする理念が挙げられます。

経営の基盤となる「人」というかけがえのない存在を教育、成長させ、幸せを増やすことは持続可能な社会や地域の形成につながります。ポストコロナにおいて、これを実現する会社が増えれば、日本の企業経営が再び世界から称賛される時代となるでしょう。

〈参考・引用文献〉

『日本でいちばん大切にしたい会社』1~7　坂本光司 著（2008年~2020年、あさ出版）
『人を大切にする経営学講義』坂本光司 著（2017年、PHP研究所）
『地域産業発達史』坂本光司／南保勝 編著（2005年、同友館）
『「日本でいちばん大切にしたい会社」がわかる100の指標』坂本光司&坂本光司研究室 著（2015年、朝日新聞出版）
『いい経営理念が会社を変える』坂本光司&坂本光司研究室 著（2018年、ラグーナ出版）
『ニッポン子育てしやすい会社』坂本光司&人を大切にする経営学会 著（2019年、商業界）
『後継者の仕事』坂本光司 監修、次世代の事業承継研究会：赤岩茂／藤井正隆 編著、水沼啓幸／岡野哲史／鈴木信二／渡辺忠 執筆（2019年、PHP研究所）
『社員にもお客様にも価値ある会社』西浦道明 編著（2013年、かんき出版）
『変化にびくともしない「財務アタマ」経営』西浦道明 著（2014年、かんき出版）
『小さな巨人企業を創りあげた社長の「気づき」と「決断」』西浦道明 著（2015年、かんき出版）
『坂東太郎の親孝行・人間大好きPart2』福嶋美香 著（2013年、文々社）
『ディズニー、NASAが認めた遊ぶ鉄工所』山本昌作 著（2018年、ダイヤモンド社）
『こんな時代だからこそ、やっぱり会社は家族である』桑田純一郎 著（2018年、あさ出版）
『倒産寸前から25の修羅場を乗り切った社長の全ノウハウ』近藤宣之 著（2019年、ダイヤモンド社）

〈著者略歴〉
坂本光司（さかもと　こうじ）
1947年静岡県生まれ。法政大学経営学部卒。人を大切にする経営学会会長、人を大切にする経営研究所所長。「日本でいちばん大切にしたい会社大賞」審査委員長、千葉商科大学大学院商学研究科中小企業人本経営（EMBA）プログラム長。
主な著書に『日本でいちばん大切にしたい会社』シリーズ全7巻（あさ出版）、『人を大切にする経営学講義』（ＰＨＰ研究所）などがある。

人を大切にする経営研究所
（ひとをたいせつにするけいえいけんきゅうじょ）
「人を大切にする経営学会」の中心メンバーにより設立。自治体からの受託研究を請け負い、情報発信する。同時に経営者、後継者を中心にした講演会や勉強会、企業視察会を実施。教育機関としての役割も担う。

坂本洋介（さかもと　ようすけ）
1977年静岡県生まれ。東京経済大学大学院経営学研究科修了。株式会社アタックス「強くて愛される会社研究所」所長、コンサルタント。人を大切にする経営研究所研究員。千葉商科大学大学院客員准教授。
主な著書に『社員にもお客様にも価値ある会社』『小さな巨人企業を創りあげた 社長の「気づき」と「決断」』（以上、かんき出版）などがある。

水沼啓幸（みずぬま　ひろゆき）
1977年栃木県生まれ。法政大学大学院イノベーション・マネジメント研究科修了。株式会社サクシード代表取締役社長。人を大切にする経営研究所研究員。千葉商科大学大学院客員准教授。中小企業診断士。
主な著書に『「地域一番コンサルタント」になる方法』『キャリアを活かす！「地域一番コンサルタント」の成長戦略』（以上、同文舘出版）などがある。

ポストコロナを生き抜く術！

［実践］強い会社の「人を大切にする経営」

2020年7月30日　第1版第1刷発行

著者　坂本光司
　　　人を大切にする経営研究所
　　　坂本洋介、水沼啓幸
発行者　後藤淳一
発行所　株式会社ＰＨＰ研究所
東京本部　〒135-8137　江東区豊洲5-6-52
出版開発部　☎03-3520-9618（編集）
普及部　☎03-3520-9630（販売）
京都本部　〒601-8411　京都市南区西九条北ノ内町11
PHP INTERFACE　https://www.php.co.jp/
組版　朝日メディアインターナショナル株式会社
印刷所　株式会社精興社
製本所　東京美術紙工協業組合

ISBN978-4-569-84728-3